성도가
성도되게
하라

THE PERSONAL SPIRITUAL LIFE

Copyright © 2013 by Peter Masters
Original edition published in UK under the title The Personal Spiritual Life
by The Wakeman Trust, 38 Walcot Square, London SE11 4TZ, UK

All rights reserved.

Korean Edition published by Word of Life Press, Seoul 2015
Translated and published by permission.
Printed in Korea.

성도가 성도되게 하라

© 생명의말씀사 2015

2015년 2월 15일 1판 1쇄 발행

펴낸이 ǀ 김재권
펴낸곳 ǀ 생명의말씀사

등록 ǀ 1962. 1. 10. No.300-1962-1
주소 ǀ 서울시 종로구 경희궁1길 5-9(110-062)
전화 ǀ 02)738-6555(본사) · 02)3159-7979(영업)
팩스 ǀ 02)739-3824(본사) · 080-022-8585(영업)

기획편집 ǀ 유선영, 장주연
디자인 ǀ 김혜진, 윤보람, 송민재
인쇄 ǀ 예원프린팅
제본 ǀ 정문바인텍

ISBN 978-89-04-16496-7 (03230)

저작권자의 허락 없이 이 책의 일부 또는 전체를
무단 복제, 전재, 발췌하여 저작권법에 의해 처벌을 받습니다.

당신은 하나님의 거룩한 백성,
성도聖徒입니까?
The Personal
Spiritual Life

성도가
성도되게
하라

피터 마스터스 지음 | 손성은 옮김

생명의말씀사

The Personal
Spiritual Life

역자 서문

저자 서문도 없는데 역자 서문을 쓴다는 것이 어색한 느낌이 드는데도 그럴 마음이 드는 것은 번역한 책자의 제목을 정하는 중 무언가 설명이 필요하다는 생각이 들었기 때문입니다. 저자가 원래 정해 놓은 제목과 다를 뿐만 아니라 그로 인해 원저자의 의도를 곡해할 가능성도 있겠기 때문입니다. 이 책 원서의 제목은 "The Personal Spiritual Life"인데, 직역하자면 "개인의 영적 생활"이라고 하겠습니다. 중생 이후 성도가 된 그리스도인 한 명 한 명이 개인적으로 신앙생활을 하는 데 있어서 도움이 될 수 있는 권면들을 12개 영역으로 나눠서 설명하고 있습니다.

이렇게 한글로 제목을 직역하고 나니, 한국의 그리스도인들에게는 이 책의 제목이 별로 신선하게 다가오지 못할 것 같다는 염려가 들었습니다. 한국의 일반 그리스도인들이 생각하는 '중생'과는 다른, 보다 더 근본적이고 성경적인 '중생'의 개념에 기초해서 '그리스도인'이 된 사람들에게 주는 권면이 담긴 이 책의 내용을 고려한다면 "개인의 영적 생활"이라는 직역된 한글 제목이 그 내용을 충분히 담고 있지 못하다고 여겨졌기 때문입니다.

이 책의 내용은 앞서 국내에 소개된 『영혼의 의사』(부흥과개혁사, 2004)라는 책의 중생 개념에 의해서 정의된 성도들에게 주어진 권면인 셈입니다. 그래서 책의 제목을 "중생 이후"라고 하여 중생한 그리스도인들이 어떻게 살아야 할 것인지를 권면하는 관점에서 살펴볼까도 했지만, 결국 『성도가 성도되게 하라』로 정하게 되었습니다. '중생 이후'의 삶을 어떻게 살아가야 하는가 하는 그 모든 권면들의 목적이 성도가 성도되게 하는 것이겠기 때문입니다.

그렇게 '성도'라는 용어를 제목에 넣고 보니 우려가 하나 생겼습니다. 사실 이 책의 내용이 성도의 생활의 '모든' 측면을 담고 있는 것은 아니기 때문입니다. 주로 '영적' 생활에 초점을 맞춰서 권면하고 있는 이 책에 대해서 성도의 '사회적', 혹은 '정치적' 생활들에 대한 기대를 갖게 되면 실망할 수밖에 없겠다는 우려 말입니다. 이 책의 제목이 『성도가 성도되게 하라』이면서도 성도의 다른 측면을 담지 않고 있는 것은 그런 면들에 대해서 저자나 역자가 무관심한 것이 아님을 변명해 둘 필요가 있겠다고 생각되었습니다. 특별히 역자의 경우에는 '성도 됨'의 근본적인 정의와 더불어서 성도의 '문화적' 생활에 대해 강조하고 싶은 심정으로 클라스 스킬더(Klaas Schilder)의 『그리스도와 문화』(근간)를 지평서원을 통해 번역해 국내에 소개하는 바입니다. '중생 이후'의 그리스도인의 생활에 대해서 이 책과 더불어 균형을 취하게 해주는 책이 될 것입니다. 중생한 성도로서 이 모든 영역들에서 성도로서 살아가는 우리 모두가 되기를 기도합니다.

손성은 목사
천국제자들교회 담임

contents

역자 서문 005

Chapter 1
성령 | 내주하시는 성령을 따라 행하라 ⋯⋯⋯⋯⋯⋯⋯⋯⋯⋯⋯⋯ 013

성령을 거스르지 말라 | 성령을 소멸하지 말라 | 성령을 근심하시게 하지 말라 | 성령의 깨우치심

Chapter 2
새 본성 | 새사람을 입어 시험과 유혹에서 승리하라 ⋯⋯⋯⋯⋯ 029

신자의 두 본성 | 성화는 믿기만 하면 이루어지는가?

Chapter 3
거룩 | 성화의 8단계를 기억하라 ⋯⋯⋯⋯⋯⋯⋯⋯⋯⋯⋯⋯⋯⋯ 045

1단계: 문제를 인식하라 | 2단계: 적극적인 목표들을 설정하라 | 3단계: 죄를 피하고자 계획을 세우라 | 4단계: 자기 검토를 계속하라 | 5단계: 점점 나아질 것을 갈망하라 | 6단계: 영적인 도움을 구하라 | 7단계: 하늘의 일들을 생각하라 | 8단계: 죄를 죽이라 | 성화의 과정에 필수적인 모든 단계들

Chapter 4

영적 기쁨 | 주를 묵상함으로 영적 기쁨을 누리라 ——— 059

기쁨의 특징과 혜택 | 어떻게 기쁨을 잃어버릴 수 있는가? | 어떻게 기쁨이 넘치게 할 수 있을까? | 그리스도를 묵상하라

Chapter 5

친밀 | 믿음으로 그리스도의 가까이하심을 확신하라 ——— 079

가까이 계신 하나님 | 하나님을 경외하고 그분의 인도하심을 따르라

Chapter 6

영적 전투 | 믿음의 선한 싸움을 싸우라 ——— 095

전투란 전진하는 것이다 | 전투의 목적 | 민첩한 전략 | 희생적인 활동

Chapter 7
은사 | 은사를 소중히 여기고 합력하라 ······ 117
하나님이 나누어 주신 은사 | 은사는 조화롭게 사용되어야 한다

Chapter 8
은혜 | 은혜의 선순환에 삶을 맡기라 ······ 139
위로의 또 다른 의미 | 축복의 황금 사슬 | 은혜의 선순환을 이루라

Chapter 9
중보 기도 | 중보 기도의 놀라운 능력을 체험하라 ······ 151
중보 기도 사역이 필요한 이유 | 아브라함의 중보 기도 | 모세의 중보 기도 | 사무엘의 흔들리지 않는 중보 기도 | 중보 기도자들을 위한 조언

Chapter 10
신실 | 온 삶을 드려 주를 기쁘시게 하라 ⋯⋯⋯⋯⋯⋯⋯⋯⋯⋯ 163

전신 갑주에 나타난 신실함 | 신약성경에 나타난 신실함 | 덜 신실해지려면 | 더 신실해지려면 | 신실함의 보상

Chapter 11
겸손 | 겸손으로 그리스도를 섬기라 ⋯⋯⋯⋯⋯⋯⋯⋯⋯⋯ 179

사도 바울의 겸손 | 교만의 다양한 형태와 종류 | 겸손을 상실하는 길 | 겸손의 특징 | 교만의 특징 | 예수님을 본받은 사도 바울을 본받으라

Chapter 12
헌신 | 아름다운 헌신의 열매를 거두라 ⋯⋯⋯⋯⋯⋯⋯⋯⋯ 201

바울의 동역자 '로마의 7인' | 바울의 또 다른 동역자들 | 주께 헌신했던 그들처럼

Chapter 1
성령
내주하시는 성령을 따라 행하라

> "너희 몸은 너희가 하나님께로부터 받은바
> 너희 가운데 계신 성령의 전인 줄을 알지 못하느냐
> 너희는 너희 자신의 것이 아니라"(고전 6:19).

무한하시고 영원하신 성령께서는 신자 안에 인격적으로 내주하십니다. 이 사실은 매우 놀라운 축복이자 특권이기 때문에 우리가 온전히 이해하기란 사실 불가능합니다. 매일 일어나는 기쁜 일과 슬픈 일, 유혹과 시험거리들은 우리의 내면에서 다양한 반응들을 일으킵니다. 우리는 종종 하나님이 우리 안에 거하시며 우리가 생각하는 것이나 말하는 것, 혹은 행하는 것에 대해 그분이 기뻐하시거나 슬퍼하신다는 것을 잘 깨닫지 못합니다. 아울러 우리가 기도하면 언제든지 도와주기 위해 항상 준비하고 계신다는 것도 잘 모릅니다.

참된 신자의 몸은 하나님의 것입니다. 그래서 세속적인 것이 그 안에 들어오거나 죄악된 취향이나 욕구에 의해 더러워지게 되면 내주하시는 성령께서 슬퍼하십니다. 바울은 "하나님의 성령을 근심하게 하지 말라"(엡 4:30)라고 했습니다. 이 구절을 원어인 헬라어 어순을 따라 번역하면 더욱 놀랍습니다. "영, 곧 하나님의 거룩하신 분을 근심하게 하지 말라." 인간의 능력으로 도저히 이해할 수 없는 놀라우신 하나님이 모든 구속받은 사람들의 영혼 가운데 자리를 잡으시고는 "내가 결코 너를 떠나지 아니하리라. 너를 버리지 아니하리라"라고 선언하셨습니다. 이렇게 놀랍고도 감탄할 만한 영적 삶을 우리는 어떻게 그리 쉽게 잊을 수가 있을까요?

회심의 순간부터 모든 그리스도인 안에는 성령께서 거하십니다. 그래서 영감으로 기록된 성경이 "누구든지 그리스도의 영이 없으면 그리스도의 사람이 아니라"(롬 8:9)라고 말하고 있는 것입니다. 이 구절은 그리스도께서 우리 안에 거하시며, 성령께서 우리 안에 거하시는 이유가 바로 우리의 구주를 위해서라는 사실을 보여 줍니다. 그리스도께서 우리 안에 거하시되 그분의 성령으로 거하신다는 것입니다.

신약성경은 그러한 성령을 잘못 모시는 것에 대해 세 가지로 묘사하고 있습니다. 우리는 성령을 거스를 수 있고, 소멸할 수 있으며, 근심하시게 할 수 있습니다. 이것들은 신자 안에 거하시는 신성한 분께 가해질 수 있는 범죄의 수준을 묘사합니다.

성령께서 우리 안에 계신다는 사실을 우리는 얼마나 쉽게 잊어버리는지 모릅니다. 성령에 대해 얼마나 감사하고 있습니까? 성령에 대해 얼마나 생각하고 있는지요! 사실 우리는 성령을 의존해야 한다는 사실조차 잊은 채 살아가고 있습니다.

성령을 거스르지 말라

첫 번째 순교자 스데반은 자기 의에 사로잡힌 바리새인들에게 외쳤습니다.

"너희도……항상 성령을 거스르는도다"(행 7:51).

'거스르다'라는 단어의 헬라어를 살펴보면 어깨로 문을 막아서서 열지 못하도록 대항해 버틴다는 뜻을 가지고 있습니다. 즉 거스른다는 것은 성령께 반항한다는 것입니다.

바리새인들은 스데반의 말을 듣고도 구원을 거절했습니다. 신자인 우리도 하나님의 분명한 뜻을 거스를 수 있습니다. 큰 죄악을 청산하기를 거부하거나, 자기 탐욕의 길을 걸어가거나, 성경에 기록된 거룩한 의무와 헌신의 짐을 지라는 하나님의 분명한 명령을 무시함으로써 말입니다. 우리는 무엇이 옳은지 알면서도 우리 안에서 행하시는 삼위일체 하나님의 한 위격 되시며 우리의 대속받은 영혼의 무한하도록 친절하시고 영광스러운 보호자가 되시는 성령을 거스르면서 순종의 문이 열리지 않도록 온 힘을 쏟아붓고 있습니다.

성령을 거스르는 것은 어리석은 짓이고 스스로에게 상처를 입히는 일입니다. 그런데 왜 우리는 그렇게 하고 있는 것일까요?

그 이유는 우리가 지극히 존귀하신 하나님이 우리 안에 거처를 정하셨다는 사실을 잊어버렸기 때문입니다. 또한 성경에 기록된 어떤 의무가 영혼에 주어질 때 그것을 거스르는 것이 곧 성령의 격려를 무시하는 행위임을 모르기 때문일 수도 있습니다. 아울러 우리가 순종의 문을 쾅 닫은 후 장애물을 그 앞에 놓아 두어 열리지 않도록 막고 있다는 사실을 모르는 채 살아가고 있어서일 수도 있습니다.

성령을 소멸하지 말라

성령을 잘못 모시는 것을 묘사하는 또 하나의 용어가 데살로니가전서 5장 19절에 나옵니다.

"성령을 소멸하지 말며"(살전 5:19).

여기에서는 성령의 사역이 거룩한 확신의 불길, 또는 심령에 붙은 열정의 불길에 비유되고 있습니다. 성령을 소멸한다는 것은 성령께서 우리를 흔드셔서 더 큰 봉사와 헌신으로 나아가게 하실 때 그분보다 앞서서 간다는 개념을 암시합니다. 이는 성령을 거스를 때처럼 거칠게 대항하는 것은 아닙니다. 다만 성령께서 격려하신 것을 억누르고 자제하는 것입니다. 그것들에 신경을 전혀 쓰지 않고 마음으로 자기가 하고 있는 일을 계속하는 것입니다. 신자들은 신조는 충실하게 믿지만 더 이상 행위와 활동을 하는 데 있어서 주님의 인도하심을 받지는 않습니다.

성령께서 일으키신 불이나 불길은 주님과 진리, 그리고 잃어버린 영혼을 향한 사랑과 열정입니다. 그것은 경건한 슬픔으로 인도하는 죄에 대한 깨달음의 확신, 우리의 잘못에 대해 갖게 되는 의분, 개혁하고자 하는 신중함과 간절한 열망과 열정을 포함합니다(이 말들은 모두 고린도후서 7장 11절에 나와 있습니다). 성령의 불길은 우리로 하여금 증거하게 하고, 긍휼의 마음으로 다른 사람들을 도와주게 합니다.

우리는 성령에 의해 심령에 붙은 경건한 사명의 불길들을 소멸하고 있지는 않습니까? 양심의 깨달음을 소멸해 버리고 억누르고 있지는 않습니까? 우리의 기분에 맞지 않고, 지불해야 할 대가가 너무 크다는 이유로 때때로 불편하게 여겨지는 영적인 열심을 포기하고 있지는 않습니까? 그래서 찬양과 기도, 감사와 헌신, 그리고 선한 일들을 포기하고 있지는 않습니까?

어떻게 그리스도인인 우리가 그럴 수가 있습니까? 그것은 간단히 말해, 모든 경건한 감각들을 친히 지으신 위대하신 성령을 잊었기 때문입니다. 우리는 단순히 신적인 방문을 받는 것이 아닙니다. 물론 그것도 놀라운 일이긴 하겠습니다만, 위대한 분이 오셔서 우리 안에 거하시는 것입니다. 그분은 신앙생활의 꺼져 가는 불길을 다시금 살리셔서 활활 타오르게 하십니다. 하지만 우리는 이 위대한 교리와 성령의 임재의 실재를 잊어버리고 우리 안에서 불 일듯 다시금 일어나는 활력 있는 행위를 억누르고 있습니다.

성령을 근심하시게 하지 말라

성령을 모독하듯 대하는 것을 표현하는 세 번째 용어는 에베소서 4장 30절에 나옵니다.

"하나님의 성령을 근심하게 하지 말라 그 안에서 너희가 구원의 날까지 인치심을 받았느니라"(엡 4:30).

이 권면은 성령의 보이지 않는 마음을 알려 줍니다. 하나님의 계시는 성령께서 근심하신다는 사실을 밝히 보여 줍니다. 문자적으로, 성령께서 근심하신다는 것은 신자들의 무시와 고집 때문에 성령께서 비통해하시고 슬퍼하신다는 것을 의미합니다.

무한하시고 전능하신 신성한 거주자께서는 지금 자신이 천국으로 인도하고 있는 바로 우리의 무관심 때문에 그 마음에 모독과 상처를 깊이 받으실 수 있습니다. 성령께서는 우리 안에서 우리를 위해서 행하시는 자신의 사역이 무시당하면 근심하십니다.

상대할 자가 없을 정도로 무적이시며 파괴당하지 않으시는 성령께서 고통을 당하실 수 있다니요? 이 사실은 우리의 이해 수준을 훨씬 넘어섭니다. 하지만 계시의 말씀이 우리에게 증거하고 있지 않습니까? 우리를 향한 성령의 사랑이 그리스도의 사랑처럼 놀랍도록 위대해서 그분 앞에 작디작은 점에 불과한 우리를 그분이 느끼시는 것입니다.

야고보서 4장 5절은 비밀스런 질문을 제시합니다.

"너희는 하나님이 우리 속에 거하게 하신 성령이 시기하기까지 사모한다 하신 말씀을 헛된 줄로 생각하느냐"(약 4:5).

이 구절은 다음과 같이 번역하면 이해하기가 더 쉽습니다. "너희는 너희 속에 거하시는 성령께서 질투하실 정도로 너희를 강하게 원하신 다고 하신 말씀이 거짓인 줄 아느냐." 성령께서 강력하고 보호하시는 사랑으로 우리의 실패하고 후퇴하는 모습을 지켜보며 근심하신다는 것입니다. 이는 마치 우리가 자기 자신과 사랑하는 이들의 잘못된 행동이나 불행에 대해서 근심하는 것과 같습니다. 성령께서 우리를 향해 느끼시는 고통을 지속적으로 의식할 수만 있다면 얼마나 좋을까요? 그렇게만 된다면 우리의 근심과 의식도 별반 다르지 않을 것입니다.

바울은 우리가 성령께 빚을 지고 있다는 사실을 매우 잘 인식하고 있었습니다.

"형제들아 내가 우리 주 예수 그리스도와 성령의 사랑으로 말미암아 너희를 권하노니"(롬 15:30).

바울이 성령을 어찌나 사랑했던지요! 사실 여기에서 바울은 우리가 성령을 사랑한다면 그분을 결코 근심하시게 하지 않을 것이며, 복음의 확장을 위해 더 이상 이전과 같은 방식으로 기도하지 않을 것이라고 말한 것입니다.

"성령을 근심하게 하지 말라"라는 권면은 옛 사람을 벗어 버리고 새 사람을 입은 거룩한 삶의 맥락에서 주어진 것입니다. 자랑하고 세속적이며, 신실하지 못하고 과장되며, 불결하고 정욕으로 가득 찬 말이나 쏩쏠하고 남을 헐뜯고 상처를 주는 말과 같은 부패한 언어들이 제어되어야 하는 것입니다.

어떻게 우리가 성령을 근심하시게 할 수 있습니까? 성령께서 우리 가운데 일으키시는 양심의 고통을 무시하고, 불쾌한 말이나 행동을 걸러내는 데 실패할 때 그러한 일이 일어납니다. 성령의 깨우치심을 무시하고 아무렇게나 죄를 지으면 결국 그 깨우치심이 사라지게 되고, 양심이 잠잠해지며, 우리는 더욱 자주 죄악으로 가득 찬 말과 행동을 향해 질주하게 됩니다. 그것은 곧 하나님과의 교제와 그분이 내려 주시는 복을 저버리는 행위입니다. 또한 다른 사람들을 향해 기도하면서 그들에게 적극적인 자세로 친절을 베풀지 않으면 우리 안에 활동하셔서 선한 일을 증진시키시려는 성령을 근심하시게 할 수 있습니다(엡 4:29-32).

다시금 우리는 이렇게 질문해야 합니다. 우리를 정결하게 하시고 성숙시키기 위해서 역사하시는 분이 우리 안에 거하시는 신성한 분이심을 기억하고 그분을 존귀하게 여긴다면 양심에서 일어나는 자극과 호소를 더욱더 진지하게 받아들이게 되지 않을까요?

성령께서 우리로 인해 왜 근심하시는지 그 이유를 몇 가지 고려해 보는 것은 우리의 성숙에 도움이 될 것입니다. 첫째로, 성령께서는 거룩하시기 때문입니다. 그분이 내주하시는 사람이 더럽고 냄새나는 일들 속에서 뒹구는 것을 선호한다면 당연히 거룩하신 분이 상처를 입으실 수밖에 없습니다. 전적으로 순결하고 거룩하신 분이 스스로를 낮추셔서 우리 안에 거하시는데, 우리는 상처를 줄 만한 생각들을 즐기면서 그것에 사로잡혀 있다면 결국 성령께 상처를 입혀 드리게 되는 것입니다.

둘째로, 성령께서 우리 영혼에 행하신 지난 모든 일들을 우리가 짓밟아 버릴 때 그분은 근심하실 것입니다. 그분은 거듭나게 하시는 행위로 우리의 마음을 복음에 대해 활짝 열어 주셨습니다. 대항하고자 하는 의지를 부드럽게 하셨고, 우리 눈을 여셔서 영적인 곤궁을 직면하게 하셨으며, 죄인 되었다는 사실에 대해서 깊은 확신을 갖게 하셨습니다. 또한 성령께서는 우리의 유일한 구세주, 예수 그리스도를 보여 주셨습니다. 그래서 우리가 그리스도께 굴복해 그분께 서약했던 것입니다.

그런데 지금 우리는 어떻습니까? 성령께서 지금도 계속해서 우리 속에서 우리를 위해 목양하고 계신다는 사실에 거의 주목하지 않습니다. 솔직히 말하면, 성령께서 우리 안에 거하신다는 사실조차 거의 인식하지 못하고 있습니다.

성령께서는 우리를 위해 행하신 일들에 관해 예수님과 똑같이 근심하실 것입니다. 한 사람 한 사람의 영혼을 구속하기 위해 구세주께서 지불하신 값이 얼마나 엄청난지, 이 사실을 성령과 성부 하나님보다 더 잘 아는 존재가 있을까요? 영원토록 짓눌러 왔던 죄의 무게가 우리를 구속하신 예수님에 의해 옮겨졌습니다. 그래서 그분이 우리의 소유가 되었습니다. 예수님은 영원한 영광 중에서 우리가 눈으로 직접 뵐 수 있는 왕이 되실 것입니다.

하지만 지금 우리는 그분께 어떻게 보상하고 있습니까? 우리는 너무나도 자주 말과 행동이 일치하지 않는 삶을 살고, 거룩에 이르도록 힘써야 할 신앙의 의무를 경홀히 여기며, 때때로 주님을 위한 사역보다 우리의 세속적인 이익에 더 많은 관심을 가지면서 주님을 섬긴다고 주장합니다.

성령께서 우리로 인해 근심하신다는 것은 의심할 수 없는 사실입니다. 이는 셋째로, 우리가 그분의 깨우치심을 무시할 때 우리에게 닥칠 결과를 매우 잘 아시기 때문입니다. 확신 가운데 나눈 하나님과의 교제를 상실하고, 복음을 위한 도구로 사용되는 기회를 놓치고, 기도에 대해 반응하지 않고, 그리스도인으로서 누릴 수 있는 깊은 기쁨을 잃어버리는 등 우리는 성령께서 자꾸만 상기시켜 주시는데도 그분을 근심시켜 드립니다.

넷째로, 성령께서는 우리의 무기력한 신앙생활이 그리스도의 대의에 미치는 강력한 영향력 때문에 근심하실 것입니다. 젊은이들이 우리로부터 아무런 거룩과 열정의 본을 받지 못하고, 주변의 회심하지 못한 사람들이 우리의 냉담하고 일관성 없는 생활을 지켜보면서 일어나게 될 복음의 대의의 손상 때문에 근심하십니다.

다섯째로, 에덴동산에서 일어났던 일들이 우리 속에서 다시 일어날 때 성령께서는 근심하십니다. 반역의 순간, 우리는 그리스도인으로서의 의무와 복종을 요구하는 어떤 일에 전적으로 헌신하기보다는 뒤로 물러나면서 속으로 뱀처럼 말합니다. "하나님이 참으로 너희에게……먹지 말라 하시더냐"(창 3:1). 교만이 자라나면 자기를 더 사랑하게 되고, 탐심이 자리 잡거나 불평이 깊어지면 우리가 이해할 수 없을 정도까지 성령께서 심히 근심하시게 될 것입니다.

성령의 깨우치심

여기서 우리가 성령의 깨우치심에 대해 말하고 있지만, 그분이 성경 외적인 것을 신자들에게 말씀하신다는 인상을 주려는 의도는 전혀 없습니다. 예를 들어, 성령께서는 우리에게 권위적인 교리를 계시하지 않으십니다. 하나님은 우리가 분명하게 알아야 할 모든 것을 하나님의 책인 성경에 이미 계시해 주셨습니다. 성경은 완성되었고, 하나님, 구원, 그리스도인의 삶, 그리고 교회 운영에 대한 지식에 있어서 완전하고 충분한 권위를 지닙니다. 환상이나 직접적인 계시를 통해서 신선한 정보를 얻을 수 있다는 현대의 모든 주장들은 전적으로 잘못입니다.

성령께서는 우리의 양심을 흔들어 놓으시고, 성경 구절이 떠오르게 하시며, (만약 우리가 겸손하게 구하고 건전한 방법으로 탐구한다면) 성경을 이해할 수 있게 해주시고, (말씀을 깊이 상고할 때) 우리의 마음이 맑아지게 하시며, 우리로 하여금 잊고 있는 다른 중요한 일들과 신앙의 의무를 기억나게 해주십니다.

우리가 말씀의 부요함을 묵상할 때 성령께서는 내면 깊은 곳에서부터 기쁨이 솟아오르게 하시고 그 심오한 의미를 깨닫게 해주십니다. 능력의 성령께서는 우리 안에 거하시면서 신자들과 계속해서 상호작용하시지만, 이미 그분에 의해 계시되어 무오한 말씀을 지나치거나 무시하지 않으십니다. "주님이 제게 이렇게 말씀하셨습니다"라고 하면서 상상에서 비롯한 내적 음성을 따르는 사람들은 성경의 기준에서 훨씬 벗어나 이리저리 방황하는 것이라고 할 수 있습니다.

바울은 신자의 마음속에서 이루어지는 성령의 자비로운 사역에 대해 갈라디아서 5장 16-18절에서 다음과 같이 묘사했습니다.

> "내가 이르노니 너희는 성령을 따라 행하라 그리하면 육체의 욕심을 이루지 아니하리라 육체의 소욕은 성령을 거스르고 성령은 육체를 거스르나니 이 둘이 서로 대적함으로 너희가 원하는 것을 하지 못하게 하려 함이니라 너희가 만일 성령의 인도하시는 바가 되면 율법 아래에 있지 아니하리라"
>
> (갈 5:16-18).

우리는 성령을 따라 행해야 합니다. 그래야만 육체의 소욕을 거스를 수 있습니다. 바울 사도는 이전부터 싸움이 있어 왔는데, 이는 죄의 욕구를 따라 만족에 이르고자 하는 성향이 성령에 의해서 창조된 새로운 본성을 혐오하면서 대적해 일어난 싸움이라고 말합니다. 성령께서는 죄의 욕구들에 저항해 '원하는 것을 하지 못하게' 하십니다. 양심이 살아 있게 해 마음에 떠오르는 죄된 행위나 나쁜 말들을 쉽고 가볍게 하지 못하게 막으십니다. 그런 일들이 하나님을 기분 나쁘시게 한다는 사실을 깨닫고 갑자기 그만두게 하시는 것입니다.

우리가 이 보호하시는 장벽을 지나쳐서 넘어가 버리면 어떻게 될까요? 성령께서 우리의 양심을 깨우치시는데도 자꾸 범죄하면 어떻게 될까요?

이것이 가장 큰 유혹입니다. 지속적으로 범죄를 저지르다 보면 어느새 성령을 거스르게(대항하게) 되는 것입니다. 그렇다고 해서 특별한 반대나 증오심을 품게 되는 것은 아닙니다. 단지 성령께서 주시는 자극을 소멸시킬(혹은 조용히 지나쳐 버릴) 뿐입니다. 어떤 방식으로든 분명히 우리는 성령을 근심하시게 할 것입니다.

바울은 "너희가 만일 성령의 인도하시는 바가 되면 율법 아래에 있지 아니하리라"라고 말합니다. 신성을 지니시고 우리 안에 거하시는 분의 활동에 민감해 의식적으로 복종하는 사람이 자신이 참으로 구원받았음을, 또한 더 이상 율법의 저주 아래 있지 않다는 것을 확신하게 된다는 뜻입니다. 물론 여전히 율법은 우리의 삶에 지배적인 도덕 기준으로 남아 있습니다. 하지만 우리는 더 이상 율법에 의해 판단 받지 않습니다. 그리스도께서 율법의 쏘는 것을 제거해 버리셨기 때문입니다.

바울은 만약 성령으로 살기 원한다면 성령을 따라 행하라고 말합니다. 그러면 그분의 자비로운 임재에 대해서 지속적으로 감사하게 되고, 그분의 자극하심에 대해서 민감하고 의식적으로 반응함으로써 성령의 능력과 축복을 누리게 될 것입니다. 경건과 기쁨, 평화와 이해력, 그리고 유용하게 쓰임 받고 있다는 생각이 자꾸 늘어나는 경험을 하게 될 것입니다.

마음속에서 일어나는 성령의 흔들어 깨우심에 저항하지 마십시오. 더 위대한 헌신과 영적 봉사를 위해서 우리를 부르고 계시는 것입니다. 그분의 호소와 양심의 움직임을 소멸하지 마십시오. 그리고 성령을 무시함으로 그분을 근심하시게 하지 마십시오. 마지막으로, 간구와 도고의 기도를 무시하지 않음으로써 성령을 거스르지 말고, 소멸하지 말며, 근심하시게 하지 마십시오. 어떤 의무든 거부하지 말고, 열정을 고무시키는 일들을 소멸하지 마십시오. 성령께서는 우리의 간구를 하늘의 언어로 번역해 완전하게 하시고, 우리의 연약함을 도우실 뿐만 아니라 우리가 할 수 있는 수준을 훨씬 뛰어넘는 간절함으로 우리를 위해 중보 기도 하시고, 우리의 간구를 하나님의 영광스러운 뜻에 일치시켜 주십니다(롬 8:26-27).

19세기 웨슬리안 설교가 윌리엄 번팅(William Bunting)의 뛰어난 찬송은 성령과 관련해 신실한 신자들의 생각을 사로잡고 마음속에 합당한 반응을 불러일으킵니다.

성령이시여 나를 불쌍히 여기소서

주님을 근심시키는 일로 가슴이 찔려

나와 함께하사 멀리 계시지 마시고

탄식하는 간구에 귀를 기울이소서

셀 수 없는 죄악들을 고백하오니

너무나도 깊은 죄악됨이여

주님에 대하여 범한 죄악들

전지하신 주님만 아옵나니

주님의 속삭이시는 부르심에 귀가 먹어서

실패한 일들을 기억하면서 얼굴을 붉히누나

채찍하시는 손길 아래에서 두려워하는 순간

나의 하나님께 반역할 음모를 꾸몄었구나

주님의 선하심을 맛보아 알지니

그런데도 독이 가득한 음식을 그리워하다니

하늘의 복을 마시는 샘물가에 서서

세상에서 공급되는 것들만을 바라고 있네

예배를 드리는 시간에도 세상 걱정만 가득

숭고한 일을 하는 중에도 믿음조차 없는 목적

하나님이 지나가시는데 여전히 교만하고

영혼은 어둠 속에서 죽어 가는데 게으르기만 하네

오 얼마나 가볍게 잠에 떨어졌던가

매일 같은 잘못들을 회개하지도 않은 채

주님이 책망하시는 것이 미뤄지기만 바라고

그 상처 입은 위로자를 피하기만 하는구나

여전히 주의 위로는 끊이지 않는데,

여전히 주의 치료하심은 계속되고 있는데

내 가슴속에 거하시는 인내심 깊은 거주자여

주는 근심하시는데 나는 복된 자로다

오 주여 나에게 자비를 베푸소서

이제 주님만을 주님만을 갈망하노니

아버지여 아들로 인하여 저를 용서하시고

주의 성령을 거슬러 행한 죄악들을 용서해 주소서.

Chapter 2
새 본성
새사람을 입어 시험과 유혹에서 승리하라

"이와 같이 너희도 너희 자신을 죄에 대하여는 죽은 자요 그리스도 예수 안에서 하나님께 대하여는 살아 있는 자로 여길지어다"(롬 6:11).

바울이 로마인들에게 보낸 편지에서 두드러지는 세 장(롬 6-8장)은 어떻게 자신의 죄와 씨름해야 할지를 신자들에게 말해 줍니다. 먼저 문제가 무엇인지를 그림같이 묘사한 뒤 유혹을 다루는 8단계를 제시하고 있습니다. 우리가 단번에 알아차릴 수 있도록 이 구절들에서 성화의 빛이 뿜어져 나오는 것이 보이지 않습니까? 이제 다시는 거룩을 향해 가는 방법을 찾느라 혼란스러워하지 않아도 될 것입니다.

세부적으로 살펴보면 바울의 영감 어린 가르침들이 매우 풍성하지만 이 장에서는 주요 가르침들을 통해서 그 의미와 적용할 수 있는 교훈들에 대해서만 살펴보도록 하겠습니다. 이어지는 3장에서는 유혹을 다루는 8단계에 대해서 알아보겠습니다.

로마서 5장 마지막 부분에 등장한 한 가지 예화는 전체 장면이 어떠한지를 알려 줍니다. 바울은 두 명의 군주에 대해서 이야기합니다. 한편에는 '죄의 왕'(King Sin)이 있고, 다른 한편에는 '은혜의 왕'(King Grace)이 있습니다. 죄는 이전에 우리의 절대적인 통치자였습니다. 하지만 우리가 회심한 이후 은혜가 우리의 삶을 정복해 현저하게 그 통치권에서 물러나게 되었습니다. 그때부터 우리는 용서받은 백성이 되었고, 확실하고 분명하게 천국에 이르는 길에 들어서게 되었습니다. 하나님의 구원하시고 보존하시는 긍휼로 인해 안전한 그 길 말입니다.

성화의 빛 가운데, 특히 6장의 첫 구절은 모든 신자들의 심령에 큰 도전이 됩니다.

"그런즉 우리가 무슨 말을 하리요 은혜를 더하게 하려고 죄에 거하겠느냐"
(롬 6:1).

이 구절을 이해할 수 있는 열쇠는 기준을 올바르게 설정하는 데 있습니다. 어떤 그리스도인들은 바울이 지금 논란을 일으킬 정도로 큰 죄악들을 아무런 양심의 거리낌도 없이 행하면서 하나님의 은혜로 용서받을 것이라고 믿는 사람들을 염두에 두고 있다고 생각합니다. 하지만 이런 개념은 기준이 잘못 설정되어 있는 것입니다. 지금 바울은 간음이나 도둑질이라고는 꿈도 꾸지 않을 평범한 그리스도인들을 대상으로 하고 있기 때문입니다. 분명히 바울은 그리스도인들에 의해서 마음이나 생각 속에서 계속해서 범해지고 있는 죄악들을 염두에 두고 있는 것입니다. 그들은 이렇게 생각합니다. '어쨌든 은혜가 우리를 구원해 줄 테니 거룩에 심각하게 마음 쓰지 않아도 되겠지?'

신자들은 거룩에 대해서 너무나도 느슨한 모습으로 살아가고 있습니다. 우리에게는 도전이 필요합니다. 우리는 조그마한 탐닉, 조금의 이기심, 한 점의 까다로움, 한순간의 자부심, 잠시 동안의 소홀함 등 '좀 작은' 죄에 대해서 허용하면서 거룩의 수준을 낮추려는 경향이 있습니다. 또한 (아주 심하게는 아니지만) 기분이나 취향이 제멋대로인 순간을 내버려 둡니다. 하얀 거짓말과 과장, 친절하지 못하고 해로운 뒷공론을 단편적이나마 허용하고, 회심 이전에 경험했던 미끄러지고 다투는 상황 가운데 빠져들기도 합니다.

우리는 이런 여러 상황을 그대로 내버려 두고 씨름하지도 않으면서 죽을 때쯤 회개하면 하나님이 용서해 주실 것이라는 생각으로 위로를 받습니다. 그리고 마침내 '이 정도 죄쯤이야 적당한 편이지'라고 여기게 됩니다. 그래서 안일한 방법을 취해 심할 정도로 느슨함을 허용하고 '좀 작은' 죄들에 대해 봐주거나 만족스러워하게 됩니다.

궁극적인 견인의 교리를 즐기는 우리에게 있어서 죄는 더 이상 위험한 것이 아닙니다. 부당하게 염려할 필요가 사라진 것입니다. 바울은 그런 우리에게 이렇게 경고합니다.

"은혜를 더하게 하려고 죄에 거하겠느냐 그럴 수 없느니라[하나님이 금하시느니라, God Forbid] 죄에 대하여 죽은 우리가 어찌 그 가운데 더 살리요"(롬 6:1-2).

바울이 죄를 깨우치는 말을 한 것은 우리를 점점 장악해서 거룩하신 하나님을 심히 불쾌하시게 하는 삶을 살게 하는, 이런 '보통의' 죄들을 언급하는 맥락에서입니다. 마치 "죄 때문에 마땅히 받아야 할 저주에 대해서 이미 죽었고, 죄의 절대적인 지배에 대해서 이미 죽은 자들이 어떤 수준에서든 죄 속에서 계속 뒹굴고 있다는 것은 얼마나 놀라운 일이냐, 얼마나 무감각한 일이며, 또한 얼마나 감사할 줄 모르는 일이냐!"라고 책망하는 것만 같습니다. 기준을 제대로 설정하고 나서 이 구절을 다시 읽어 보면 평범한 그리스도인인 우리에게 큰 충격을 줍니다.

바울은 안일함이 얼마나 어리석은지에 대해서 경고하고 있습니다. 거룩한 생활에 대한 깊은 관심을 저버리고 있다는 것입니다. "그럴 수 없느니라"(하나님이 금하시느니라). 이는 바울이 사용할 수 있는 언어 중에서 가장 강력한 두려움의 표현입니다. 죄의 지배와 영원한 결과에 대해서 죽은 우리가 어떻게 그것들이 삶을 장악하도록 허용할 수 있단 말입니까?

신자의 두 본성

이제 바울은 로마서 6장 6절에서 죄와의 싸움에 있어서 가장 중요한 측면들 중 하나에 집중합니다. 즉 모든 신자들 안에서 일어나는 분명한 대립의 양상을 설명하기 시작합니다. 거룩함에 대한 진실한 갈망과 동시에 죄가 여전히 마음 가운데 일어난다는 것입니다. 전통적으로 개혁주의 주석가들은 이것을 (통치권을 빼앗기고 매우 약화되었지만 여전히 살아 있는) 옛 본성과 (회심할 때 주어지는 훨씬 더 나은) 새 본성 간의 갈등, 곧 두 본성의 갈등이라고 일컬었습니다.

바울은 두 본성을 직접 언급하지는 않았지만 그것들을 암시했습니다. 그는 자신이 말하고자 하는 바에 대해 매우 도움이 될 만한 장면을 묘사했습니다(두 본성에 대해서 문자적으로 가장 근접하게 말하고 있는 곳은 에베소서 4장 22-24절입니다. 에베소서에서 바울은 신자들에게 썩어져 가는 옛 사람을 벗어 버리고 하나님이 거룩함으로 지으신 새사람을 입으라고 권면했습니다).[1]

> "우리가 알거니와 우리의 옛 사람이 예수와 함께 십자가에 못 박힌 것은 죄의 몸이 죽어 다시는 우리가 죄에게 종노릇하지 아니하려 함이니"
>
> (롬 6:6).

세상적이고 죄악되며 이기적인 목적과 행위의 지배를 받은 옛 본성(옛 사람)은 죽었습니다. 여기서 죽었다는 것은 어떤 의미일까요? 첫째, 지배자 역할을 하던 것이 죽음으로써(롬 5:21) 신자에 대해 전적이며 절대적인 권세를 상실했다는 것입니다. 둘째, 옛 본성이 더 이상 신자를

---

[1] 에베소서 4장 22-24절을 권면보다 선포로 이해하는 후크마 교수의 해석이 그리스도인의 두 본성을 이해하는 데 있어서 좀 더 설득력이 있다. 안토니 후크마는 『개혁주의 구원론』(부흥과개혁사, 2012, p. 296-303)에서 그리스도인은 옛 사람과 새사람이 혼합된 존재가 아니라 이미 '새로운 사람'이 되었음을 증명하면서 이 에베소서 구절을 선포적으로 이해해야 한다고 주장했다-역주.

지옥으로 끌고 가지 못하게 되었다는 의미입니다. 즉 존재하지 않는다는 의미로 죽었다는 것이 아닙니다.

이전의 저자들은 옛 본성의 죽음을 설명하기 위해 다양한 표현들을 사용했습니다. 죄의 불가피한 지배권은 회심한 순간 파괴되지만 여전히 남아 있으면서 패배당하고 약화된 세력으로 원래의 위치를 다시 주장하려고 연기를 피우고 있다고 했습니다. 죄의 왕은 더 이상 권좌에 앉아 있지 않습니다. 더 이상 신자들에 대해서 지배권을 행사하지 못합니다. 하지만 '내주하는 죄'의 형태를 한 채 악의적인 세력으로 남아 있습니다. 그리스도인에게 주어진 계속된 과제는 이처럼 내주하는 죄를 억누르는 것입니다. 이 일은 육체가 죽는 순간 궁극적으로, 그리고 영구히 완성될 것입니다. 바울 사도는 육체가 살아 있는 한 죄를 섬기는 일을 계속하지 말라고 명령합니다. 죄의 변덕스러움과 유혹에 휘둘리지 말고 대항해 싸우라는 것입니다.

새 본성은 그리스도 안에 있는 월등히 뛰어난, 더 강한 세력입니다. 옛 본성은 열등하고 더 약한 것입니다. 그러므로 새 본성과 옛 본성의 세력은 결코 동등하지 않습니다. 단지 옛 본성이 새 본성을 이기는 경우는 신자가 경건한 삶에 대해서 느슨해져 있을 때입니다.

성화는 믿기만 하면 이루어지는가?

어떤 사람은 옛 본성과 싸워야 한다는 가르침에 반대합니다. 성화란 믿음의 일이므로 하나님을 믿기만 하면 우리를 위해서 하나님이 성화를 다 이루어 주신다고 생각하기 때문입니다. 사실 바울은 이렇게 말하기도 했습니다.

"이와 같이 너희도 너희 자신을 죄에 대하여는 죽은 자요 그리스도 예수 안에서 하나님께 대하여는 살아 있는 자로 여길지어다"(롬 6:11).

이 구절에서 바울은 신자들이 자신들을 죄로부터 완전 면제된 것처럼 여기게 되면 그것이 실제로 죄를 짓지 않는 현실에 이르게 할 것이라고 생각하도록 부추기는 것이 아닙니다. 바울이 의미한 바는 그리스도께서 신자들을 위해 죄의 저주를 없이하시고 그 지배를 깨뜨려 버리신 것을 묵상하면서 자신들이 받은 복들을 자신들에게 이미 주어진 것으로 간주하고 헤아려 보라는 것입니다. 이 놀랍고도 엄청난 복을 헤아려 본 신자들은 주님에 대해서 빚진 자들이 됩니다(롬 8:12). 유혹을 더욱 강력하게 거부할 수 있는 동기가 주어지는 것입니다. 바울의 말을 해석하면 이렇습니다.

"너희가 받은 복들을 계산해 보고 죄의 영원한 결과로부터 해방된 신분을 생각해 보라! 이 빛 가운데 거하는 너희가 어찌 너희의 몸과 감정을 죄를 섬기는 데 굴복시켜 악을 도모하는 사탄의 활동에 무기로 사용되어 그리스도인들을 넘어뜨리고, 복음을 수치스럽게 만들며, 그리스도를 불신하게 할 수 있단 말인가! 너희는 매일같이 너희의 삶과 행위를 하나님께 굴복시켜 그분께만 충성하도록 하라"(이것이 로마서 6장 11-13절의 핵심입니다).

우리가 적에게 굴복해야겠습니까? 물론 실제로 투항하는 것은 아닙니다. 하지만 우리는 무시함으로, 매일같이 재헌신하는 일에 실패함으로, 그리고 수많은 '더 작은' 죄들을 허용하며 변명함으로 적에게 넘어갑니다. 그 작은 죄들이 점차 자라서 더 많아지고 심각해지는데도 말입니다. 만일 우리가 우리의 영적 상태를 잊지 않고 매일같이 그리스도를 섬기는 일에 전적으로 헌신한다면 죄는 이전에 지니고 있었던 우리에 대한 통치권을 다시는 손에 쥐지 못할 것입니다.

바울 사도는 신자들에게 보다 성숙한 거룩에 적극적으로 이르도록 호소하는 과정에서 죄에게 순종하는 것은 곧 반역을 저지르는 것이라는 또 다른 논증을 펼칩니다.

로마서 6:11-17

11. 이와 같이 너희도 너희 자신을 죄에 대하여는 죽은 자요 그리스도 예수 안에서 하나님께 대하여는 살아 있는 자로 여길지어다
12. 그러므로 너희는 죄가 너희 죽을 몸을 지배하지 못하게 하여 몸의 사욕에 순종하지 말고
13. 또한 너희 지체를 불의의 무기로 죄에게 내주지 말고 오직 너희 자신을 죽은 자 가운데서 다시 살아난 자같이 하나님께 드리며 너희 지체를 의의 무기로 하나님께 드리라
14. 죄가 너희를 주장하지 못하리니 이는 너희가 법 아래에 있지 아니하고 은혜 아래에 있음이라
15. 그런즉 어찌하리요 우리가 법 아래에 있지 아니하고 은혜 아래에 있으니 죄를 지으리요 그럴 수 없느니라
16. 너희 자신을 종으로 내주어 누구에게 순종하든지 그 순종함을 받는 자의 종이 되는 줄을 너희가 알지 못하느냐 혹은 죄의 종으로 사망에 이르고 혹은 순종의 종으로 의에 이르느니라
17. 하나님께 감사하리로다 너희가 본래 죄의 종이더니 너희에게 전하여 준 바 교훈의 본을 마음으로 순종하여

"그런즉 어찌하리요 우리가 법 아래에 있지 아니하고 은혜 아래에 있으니 죄를 지으리요 그럴 수 없느니라[하나님이 금하시느니라]"(롬 6:15).

"너희가 죄의 종이 되는 것을 다시 한 번 허용하면 죄의 종의 명단에 오르게 된다는 것을 왜 모르느냐"는 것입니다. 그렇게 되면 죄로 되돌아가서 그리스도를 버리고 죄의 손아귀에 도로 사로잡히게 될 것이라는 뜻입니다.

신자는 입장을 분명히 해 그리스도께 서약함으로 새 마음을 갖게 된 사람입니다(17-18절). 그런데 어떻게 자신이 한 약속을 거슬러서 행할 수 있습니까? 어떻게 죄에게 양보하면서 "이번뿐이야. 이번에만 분노를 터트릴 거야. 내가 그토록 원했던 이것만 취하고 더 이상 욕심내지 않을 거야" 하고 말할 수 있습니까?

바울은 "그럴 수 없느니라"(하나님이 금하시느니라)라고 엄숙히 명합니다. 얼마나 부당한 일입니까! 죄가 요구하는 바를 행하면서 원수의 편으로 망명하고 있는 것입니다. 사탄이 자기 눈을 믿지 못하겠다는 듯이 쳐다보고 지옥의 귀신들이 껄껄대며 비웃을 일입니다. 그것뿐만이 아니라면서 사도 바울은 실상 이렇게 말하고 있는 것입니다. "아주 작은 죄가 더 큰 죄로 이끄는 법이다. 이러한 과정에 대항할 방어책이 없다는 것을 어찌하여 깨닫지 못하느냐."

그는 19절에서 신자들이 이전에 자신들의 몸을 "부정과 불법에"(부정에서 부정으로, 혹은 불법에서 불법으로) 어떻게 내주었는지에 대해서 말합니다.

죄와 뒤섞이게 되면 피할 수 없이 그런 일들이 늘어나게 된다는 의미입니다.

마지막으로, 바울은 그리스도인들에게 손을 뻗기만 하면 붙잡을 수 있는 열매들을 보라고 하면서 거룩에 대한 또 다른 동기를 제공합니다. 회심 이전에는 성품의 진전이 전혀 없었고 오직 저주만이 있었습니다(21절). 하지만 이후에는 하나님의 종들로서 복종함으로 더욱 거룩해지고, 하늘의 영광으로 관을 쓰게 될 것입니다.

이런 결과가 비추는 빛이 아무리 세미하더라도 어떻게 신자가 스스로 죄에 대해서 위험하고 안일한 상태로 빠져드는 것을 용납할 수 있습니까? 영원한 생명이 우리를 향해 손짓하고 있고 우리는 확실히 그것을 누릴 수 있습니다. 이는 하나님의 능력과 약속만큼이나 확실합니다. 그러니 하나님께 자신의 전인격을 드리면서 매일 진실하고 이기적이지 않게, 신실하고 겸손하게, 다른 사람들의 필요에 민감하면서, 사랑하고 정의롭게, 인내하고 자비롭게 생활하기 위해서 힘써야 하지 않겠습니까?

유명한 로마서 7장에 이르러 사도 바울은 율법이 죄를 깨닫게 하는

로마서 6:21-22

21. 너희가 그때에 무슨 열매를 얻었느냐 이제는 너희가 그 일을 부끄러워하나니 이는 그 마지막이 사망임이라
22. 그러나 이제는 너희가 죄로부터 해방되고 하나님께 종이 되어 거룩함에 이르는 열매를 맺었으니 그 마지막은 영생이라

데 있어서 결정적이기는 하지만 죄를 깨달은 당사자로 하여금 스스로 개혁하게 할 수는 없다는 것을 보여 줍니다.

회심 이전에 바울의 죄악으로 가득 찬 마음은 율법을 비틀어 자신의 삶의 방식을 정당화하는 데 이용했습니다. "나는 율법의 의식적인 부분을 잘 지키고 있으니까 하나님의 훌륭한 종이 될 수 있어"라고 죄가 바울의 자부심에게 은밀히 속삭였던 것입니다. 이런 착각 속에서 바울은 율법이 요구하는 바 도덕적인 것에는 눈이 감겨 있었습니다. 그래서 악한 욕구들이 그의 삶에 제어되지 않은 채 꽃피울 수 있었던 것입니다. 율법에 대한 잘못된 관점으로 인해 그의 실제적인 죄는 눈에 띄지 않아서 마치 죽은 것과 같았습니다(이것이 8절의 의미입니다).

하지만 도덕적인 율법이 죄를 일깨우자 죄가 (양심 속에) 살아났고, 바울은 자신이 사망 선고를 받은 자라는 사실을 두려움으로 깨닫게 되었습니다(9절). 그제야 바울은 발견했습니다. (만약 도덕적인 수준에 완벽하게 복종한다면) 생명에 이르는 길을 보여 주도록 고안된 율법이 실제적으로는 자신에게 사망을 선고하는 격이 되고 말았다는 것을 말입니다(10절). 자신이 율법을 지키고 있다는 생각을 하게 함으로써 바울을 기만했던 죄가 실상은 그를 영원토록 죽여 버린 것입니다(11절).

율법에는 잘못이 전혀 없었습니다(12절). 하지만 죄가 바울의 관점을 비틀어 놓아서 오직 의식적인 부분만 주목하게 만든 것입니다. 율법이 실제적으로 도덕적인 행위에 대해서 무엇을 말하고 있는지, 자신이 어떻게 죄에게 기만당해 왔는지를 깨닫게 되자 율법을 자기 것으로 삼고는 뒤틀어서 한 영혼을 파괴하려는 죄의 기막힌 사악함이 바울의 눈에 들어왔습니다(13절). 회심으로 인해 모든 것이 변했습니다. 바울은 그제야 삶의 규칙으로서의 도덕적인 율법에 대단히 민감해졌습니다.

14절까지 바울은 과거시제로 말했습니다. 회심 이전의 자신의 경험을 말했던 것입니다. 그러나 이후로는 회심을 체험한 사람으로서 현재 시제로 말하고 있습니다. 의심할 바 없이 이제는 신자로서 기록하고 있습니다.

"죄를 혐오하게 되었고, 그것을 깊이 회개합니다(15절). 이제는 선을 행하기 원합니다(19절). 하나님의 율법을 즐거워합니다(22절). 그리고 구원해 주심에 대해서 하나님을 찬양합니다(25절)."

이처럼 새롭게 된 바울은 두 본성을 가졌습니다(25절). 하나는 '마음'(새 본성)이고, 다른 하나는 '육신'(옛 본성)으로서, 이들은 계속해서 상호 간에 대립 관계에 놓여 있습니다.

로마서 7:8-14

8. 그러나 죄가 기회를 타서 계명으로 말미암아 내 속에서 온갖 탐심을 이루었나니 이는 율법이 없으면 죄가 죽은 것임이라
9. 전에 율법을 깨닫지 못했을 때에는 내가 살았더니 계명이 이르매 죄는 살아나고 나는 죽었도다
10. 생명에 이르게 할 그 계명이 내게 대하여 도리어 사망에 이르게 하는 것이 되었도다
11. 죄가 기회를 타서 계명으로 말미암아 나를 속이고 그것으로 나를 죽였는지라
12. 이로 보건대 율법은 거룩하고 계명도 거룩하고 의로우며 선하도다
13. 그런즉 선한 것이 내게 사망이 되었느냐 그럴 수 없느니라 오직 죄가 죄로 드러나기 위하여 선한 그것으로 말미암아 나를 죽게 만들었으니 이는 계명으로 말미암아 죄로 심히 죄되게 하려 함이라
14. 우리가 율법은 신령한 줄 알거니와 나는 육신에 속하여 죄 아래에 팔렸도다

14절 후반부는 읽는 이로 하여금 충격을 줍니다. 바울이 신자로서 자신을 이렇게 묘사한다는 것이 불가능해 보이기 때문입니다.

"나는 육신에 속하여 죄 아래에 팔렸도다"(롬 7:14).

여기서 우리가 잘못된 종류의 죄를 마음속에 떠올리고 있다면 신자의 삶을 제대로 묘사하기란 불가능합니다. 로마서 6장에서처럼, 이 구절을 제대로 이해하려면 기준을 올바르게 설정해야 합니다. 지금 바울이 생각하고 있는 죄는 살인이나 간음, 또는 극단적으로 불결한 일들이 아닙니다. 그는 단지 평범한 그리스도인의 삶의 기준을 염두에 두고 있을 뿐입니다. 그의 목적은 더 높은 곳에 있습니다. 완전한 진실,

로마서 7:15-25

15. 내가 행하는 것을 내가 알지 못하노니 곧 내가 원하는 것은 행하지 아니하고 도리어 미워하는 것을 행함이라
16. 만일 내가 원하지 아니하는 그것을 행하면 내가 이로써 율법이 선한 것을 시인하노니
17. 이제는 그것을 행하는 자가 내가 아니요 내 속에 거하는 죄니라
18. 내 속 곧 내 육신에 선한 것이 거하지 아니하는 줄을 아노니 원함은 내게 있으나 선을 행하는 것은 없노라
19. 내가 원하는 바 선은 행하지 아니하고 도리어 원하지 아니하는 바 악을 행하는도다
20. 만일 내가 원하지 아니하는 그것을 하면 이를 행하는 자는 내가 아니요 내 속에 거하는 죄니라
21. 그러므로 내가 한 법을 깨달았노니 곧 선을 행하기 원하는 나에게 악이 함께 있는 것이로다
22. 내 속사람으로는 하나님의 법을 즐거워하되
23. 내 지체 속에서 한 다른 법이 내 마음의 법과 싸워 내 지체 속에 있는 죄의 법으로 나를 사로잡는 것을 보는도다
24. 오호라 나는 곤고한 사람이로다 이 사망의 몸에서 누가 나를 건져 내랴
25. 우리 주 예수 그리스도로 말미암아 하나님께 감사하리로다 그런즉 내 자신이 마음으로는 하나님의 법을 육신으로는 죄의 법을 섬기노라

전적 비이기성, 교만과 자기중심적인 사고가 전적으로 부재한 상태, 영점에 이르는 탐심, 제한 없는 친절함, 하나님에 대한 넘치는 사랑, 어떠한 상황에서도 흔들리지 않는 완전한 신뢰를 바울은 요구하고 있는 것입니다.

바울은 자신을 향한 하나님의 사랑이 넘치는 긍휼에 합당한 사람이 되고 싶어 했습니다. 그리고 전적으로 헌신적으로 봉사했습니다. 하지만 놀랄 만한 덕과 기준들에 이르기 위해서 애쓰면 애쓸수록 그것들에 미치지 못하는 자신을 발견하게 되었습니다. 자기 속에 여전히 남아 있는 죄성, 곧 자신이 '육신'이라 부르는 것을 인식하면서 자신의 실패를 혐오했습니다. 물론 이전처럼 죄성이 그를 지배하고 있는 것은 아니었습니다. 하지만 진심으로 열망하는 경건의 기준에 도달하고자 애를 쓰는데 육신이 자꾸 훼방을 놓는 것입니다.

분명히 이것은 모든 신자들의 경험이기도 합니다. 우리는 영혼을 사랑하고 싶어 합니다. 오직 은혜롭고 덕을 세우는 말들만 하고 싶어 합니다. 이기적이지 않고, 좋은 생각들만 하고 싶어 합니다. 다른 사람들에게 도움을 주고, 그들의 필요에 민감하며, 시련의 때라도 자기연민에 빠지지 않고 불평하지 않기를 바랍니다. 하지만 우리는 자주 그 기준에 이르지 못해 탄식하며 외칩니다. "아, 나는 육신에 속해 죄 아래 팔렸도다. 나는 내 마음으로 혐오하는 그 일을 행하고 말하며 생각하는구나!"

바울은 자신이 분열된 사람임을 솔직하게 인정합니다(17절). 마음으로는 경건한 기준을 요구하지만(18절) 그 목적을 성취할 수 있는 능력이 본래적으로 자신 안에 없는 것입니다. 그가 원해야 할 것을 원하지 않는 것이 실패가 아니라(19-21절) 하나의 죄된 본성이 계속 남아 있어서 그 기준에 이르지 못하도록 끌어내리고 있습니다.

"내 지체 속에서 한 다른 법[혹은 원리]이 내 마음의 법과 싸워 내 지체 속에 있는 죄의 법으로 나를 사로잡는 것을 보는도다"(롬 7:23).

옛 본성이 우리를 다시금 사로잡으려고 할 때 어떤 생각들이 우리 마음속에 들어오고, 욕구가 일어나서 다시금 게으름, 자기중심적인 사고방식, 탐심, 자기연민, 불평과 원망, 그리고 사악한 공상에 이끌리게 되는 것입니다.

여기서 바울은 자기 자신을 어떻게든 변명하려고 하는 것이 아닙니다. 죄의 성향이 남아 있는 것은 자기 잘못이 아니라는 식으로 책임을 회피하지 않았습니다. 그 기준에 미치지 못할 때마다 자기에게 책임이 있다는 것을 바울은 너무나도 민감하게 느끼고 있었습니다. 그의 안에 남아 있는 옛 본성에 속한 것이 그의 완전한 거룩을 향한 열망을 뒤틀어 놓아서(23절) 고통 중에 부르짖은 것입니다.

"오호라 나는 곤고한 사람이로다 [나를 사로잡아 사망에 이르게 하는] 이 사망의 몸에서 누가 나를 건져 내랴"(롬 7:24).

우리의 주님이신 예수님이 그 해답이 되십니다. 바울은 그리스도로 인해 권좌에서 물러나게 된 옛 본성의 지속적인 영향에서 다음과 같은 세 가지 방식으로 구원받게 될 것입니다.

1. 바울은 자기를 대신해서 이루신 그리스도의 사역을 통해서 이미 새 본성을 받았기에 옛 본성을 압도적으로 지배하고 있습니다.
2. 그리스도께서 성령을 바울에게 보내심으로 양심의 깨우침을 받게 되고, 부르짖을 때마다 옛 본성의 자극을 물리칠 수 있게 됩니다.
3. 그리스도께서 마침내 바울을 영광의 집으로 부르시고, 그 순간 그의 옛 본성을 전적으로 제거해 버리시며, 그 죄에 대한 전적이며 영원한 승리를 허락하실 것입니다.

이 장에서는 로마서 6-7장의 몇몇 위대한 구절들을 가능한 짧게 설명했습니다. 다음 장에서는 이 구절들을 통해서 바울의 거룩을 향한 긍정적인 단계들을 살펴보겠습니다.

Chapter 3
거룩
성화의 8단계를 기억하라

"내 속 곧 내 육신에 선한 것이 거하지 아니하는 줄을 아노니 원함은 내게 있으나 선을 행하는 것은 없노라"(롬 7:18).

신자의 두 본성에 대한 바울의 설명에는 거룩을 향해 더 가까이 나아가고 죄를 이기기 위해 거쳐야 하는 놀라우면서도 간단한 8단계 계획이 들어 있습니다. 로마서 7장 14절과 18절에 기록된 1단계는 성화를 이루기 위한 결정적인 출발점이 됩니다.

1단계: 문제를 인식하라

바울은 "나는 육신에 속하여"(14절)라고 인정하면서 "내 속 곧 내 육신에 선한 것이 거하지 아니하는 줄을 아노니"(18절)라고 덧붙였습니다. 우리도 옛 본성, 타락한 본성이 비록 패배당하고 정복되었지만 여전히 우리 안에 남아 있다는 것과 그것들에 대항해서 싸움을 치러야 한다는 현실을 받아들여야 합니다. 이것을 인식하지 못하면 치명적인 안일함에 빠져들게 됩니다. 싸우지 않으면 패배당한 옛 본성에게 지배권을 넘겨주게 됩니다.

죄에 대항해서 씨름하고자 진지하게 결심하는 것이야말로 그리스도인이 걸어야 할 유일한 길입니다. 하지만 오늘날 그리스도인을 자처하는 수많은 사람들은 세속성과 쇼 비즈니스적인 약식 행위와 유흥으로 폭탄 세례를 받아서 이런 길을 걷고자 하지 않습니다. 그리스도인의 인생은 지상에서 가장 행복한 삶입니다. 하지만 개인적인 죄와의 싸움에 있어서는 생명을 내어놓고 싸워야 하고 초집중해야 합니다. 우리 속에 죄를 짓고자 하는 옛 본성을 인식하고 그것에 대항해서 싸워야 하는 것입니다.

2단계: 적극적인 목표들을 설정하라

19절, "내가 원하는 바"라는 바울의 표현에 거룩을 향한 여정에 있어서 두 번째 단계가 나타나 있습니다. '원하는 바'란 선택하고 결정하며 그렇게 하고자 의도한 것을 의미합니다. 이 표현은 확고하고도 구체적인 의향을 가리킵니다.

좀 보태서 설명한다면, 바울 사도는 하루를 시작하면서 그 마음에 목표와 목적을 세웠습니다. 막연하게 열정 없이 하루 종일 이리저리 어슬렁거리지 않았습니다. 분명하게 달성하고자 하는 기준을 설정해

두었습니다. 이것은 얼마만큼, 어느 정도로 노력해서 정한 목표에 도달하고자 하는 운동선수의 모습과 같습니다. 적극적인 목표를 설정하지 않은 운동선수는 어리석습니다.

우리는 스스로에게 다음과 같이 질문해야 합니다. "나는 어떤 사람으로 오늘을 살아가야 하는가?" 우리는 분명히 성령의 열매를 맺고자 기도해야 합니다. 실제적인 용어로 말하자면, 더욱 인내하기를, 타인에 대해서 더욱 관심을 갖기를(특별히 그들의 영적인 안녕을 위해서), 언어생활에 있어서 더욱 덕을 쌓기를, 행하는 모든 일들 속에서 더욱 신실하기를 소망해야 합니다. 그리고 거기에 그치지 말고 구체적으로 계획을 세워 이루어야 합니다.

혹시 실패를 맛보고 있는 삶의 영역과 성품이 있습니까? 바로 그런 영역들에서 성공하기 위해서 우리는 실제적인 전략과 계획을 마음속에 세워야 하고, 하루를 시작하면서 그 계획들을 이룰 수 있도록 기도해야 합니다.

자기 자신을 위해 정기적으로 목표를 세우고 있습니까? 특별히 인생의 전환기에는 어떤 계획을 세우고 있습니까? 바울은 "내가 원하는 바"라는 말로써 자기의 목표를 설정하는 전략을 분명하게 보여 주었습니다. '내가 의식적으로, 그리고 특별히 의도하는 선한 일을 염두에 두고 있다'는 것입니다. 이러한 매일의 계획과 서약을 생략해 버리는 것은 거룩한 집의 2층으로 올라가는 계단 중간에 멈춰 선 것과 같습니다.

3단계: 죄를 피하고자 계획을 세우라

바울은 19절에서 "내가……원하지 아니하는 바 악"이라고 말했습니다. 우리는 다시금 이 표현 속에 무언가 강력한 계획이 내포되어 있음을 알 수 있습니다. '내가 행하지 않기로 결심한 악'을 구체적으로 염두에 두고 있는 것입니다. 어떤 일들을 하지 않겠다고 결심한 바울의 마음속 행동 계획을 우리는 지금 보고 있습니다. 2단계에서 적극적이면서 선한 의도를 보여 주었다면, 이제 3단계에서는 특별한 죄들에 대항해서 확고하게 싸우겠다고 전력을 기울이고 있는 것입니다.

바울이 도대체 어떤 악한 일을 피하고자 계획했는지는 감히 구체적으로 추정하려고 하지 않겠습니다. 단지 우리는 우리 자신을 돌아볼 뿐입니다. 예를 들어, 어떤 신자들은 탐욕스러운 욕구 때문에 매일 실패합니다. 그러한 사람들은 그 욕구를 정기적으로, 어쩌면 매일같이 피하고자 결심해야 합니다. 또 어떤 사람은 음란한 생각들에 굴복당하면서 살고 있는지 모르겠습니다. 그러면 이제는 매일같이 철저한 봉쇄 명령과 기도로 시작해야 합니다.[2]

어떤 사람은 자기의 혈기를 폭발하는 데 쉬 빠져들 것입니다. 어떤 대가를 치르더라도 혈기 부리는 것을 막겠다는 목표가 매일의 계획 속

---

[2] 어떤 이들은 이런 권면이 너무 피상적이라고 여길 것이다. 음란한 생각을 하지 않으려고 하면 할수록 더욱 생각나는 것을 경험하기 때문이다. 하지만 저자는 여기서 거듭나지 않은 자가 아니라 거듭난 자를 염두에 두고 권면한다. 거듭난 자에게는 "생명과 경건에 속한 모든 것"(벧후 1:3)이 주어져 있다. 불결한 생각들이 반복해서 떠오르는 것을 이겨 낼 수 있는 능력이 주어진 것이다. 이런 능력의 자원을 활용하면 저자의 권면이 매우 구체적으로 경험될 것이다.-역주.

에 들어가 있어야 합니다. 어떤 사람은 소문이나 자랑하는 말, 상처 주는 나쁜 말을 쉽게 내뱉곤 합니다. 또 어떤 사람은 자신들의 '마귀'가 이기심이라고 생각하고, 어떤 사람은 게으름, 어떤 사람은 과장으로 시작해서 진실되지 못한 변명으로, 혹은 그보다 더 악한 정도에 이르기까지 다양한 거짓된 언어생활이 문제가 됩니다.

죄는 간절하게 끊어 버리고자 애쓰지 않으면 극복할 수 없습니다. 전투를 계획할 때 미리 준비해 놓아야 하는 것입니다. 거룩을 위한 전투에서 바울과 함께 "내가……원하지 아니하는 바 악"이라는 말속에 담긴 계획을 잘 세워 결심의 단계를 이행하고 있습니까?

4단계: 자기 검토를 계속하라

19절에서 바울은 적극적이고 소극적인 목적들과 더불어 거룩을 위한 전투의 결과에 대해 말합니다. 우리는 이 내용에 주목할 필요가 있습니다.

> "내가 원하는 바 선은 행하지 아니하고 도리어 원하지 아니하는 바 악을 행하는도다"(롬 7:19).

자기가 노력한 결과에 무관심하다면 목표를 세우는 것이 무슨 소용이 있겠습니까? 이는 바울에게 무척 중요한 일이었기 때문에 그는 자신의 행위를 계속해서 지켜보며 검토했습니다. 아마도 그는 매일같이 그리했을 것입니다. 이 구절을 보면, 바울이 목표를 달성하지 못했을 때 매우 관심을 갖고 가슴 아파했고, 그래서 회개했으며, 곧이어 새롭게 다짐했으리라 짐작할 수 있습니다.

자기 검토를 생략한다면 어떻게 더 나아질 수가 있겠습니까? 우리는 본능적으로 부끄럽고 아픈 순간을 좋아하지 않습니다. 하지만 이는 지속적으로 주님께 용서받고 그분과 가까워지기 위해 필요할 뿐 아니라 이전의 단계들을 적용해 우리를 채찍질하는 데 있어서 매우 중요한 과정입니다. 아픔과 후회의 순간을 갖지 않으면 극복하고자 하는 죄가 진지하게 여겨지지 않을 것입니다. 매일같이 부끄러운 이 일을 그냥 스쳐 지나가게 되면 조만간 양심이 그 민감함을 잃어버리게 될 것입니다.

1장에서 인용했던 윌리엄 번팅의 옛 찬송은 자기 검토를 무시했던 <u>스스로</u>를 탄식하고 있습니다.

오 얼마나 가볍게 잠에 떨어졌던가
매일 같은 잘못들을 회개하지도 않은 채
주님이 책망하시는 것이 미뤄지기만 바라고
그 상처 입은 위로자를 피하기만 하는구나.

하루 종일 자기 검토만 하고 있으라는 말이 아닙니다. 우리의 모든 죄를 깨끗하게 하라는 뜻이 아니라 인식하고 있는 특정한 죄악을 청산하라는 것입니다. 우리는 주님 앞에서 그 특정한 죄로 인해 탄식하고, 그 죄를 '갈보리 십자가 아래에서' 기억해야 합니다. 그리고 성령의 도우심을 힘입어 다시는 그 죄를 범하지 않겠다고 신실하게 서약해야 합니다. 자기 검토에는 인식하고 있는 악한 행위(작위의 죄)만이 아니라 옳은 일을 행하지 않은 죄(생략의 죄)도 포함됩니다.

세상일에 있어서도 마찬가지이지 않습니까? 사업의 성취 정도와 재정 상태를 검토하지 않는데 어떻게 성공할 수 있겠습니까? 바울의 자전적인 용어들을 보면, 그가 자기 검토를 통해서 자신의 걸음걸이를 면밀히 검토하고 있다는 것을 알 수 있습니다. 우리도 그렇게 해야 합니다.

5단계: 점점 나아질 것을 갈망하라

바울에게는 자기의 현 상태와 그리스도의 순전한 기준 사이의 간격을 좁히고자 하는 간절한 열망이 있었습니다. "오호라 나는 곤고한 사람이로다 이 사망의 몸에서 누가 나를 건져 내랴"(24절)라는 바울의 탄식을 보면 알 수 있습니다. 자신의 연약함을 인식하고 의에 굶주리며 갈망하고 있는 것입니다. 이것은 자기 검토 그 이상입니다. 자기 검토가 사실에 직면하는 것이라면 더 나아지기를 갈망하는 것은 빌립보서 3장 13-14절의 정신으로 앞을 향해 나아가는 것입니다.

"형제들아 나는 아직 내가 잡은 줄로 여기지 아니하고 오직 한 일 즉 뒤에 있는 것은 잊어버리고 앞에 있는 것을 잡으려고 푯대를 향하여 그리스도 예수 안에서 하나님이 위에서 부르신 부름의 상을 위하여 달려가노라"(빌 3:13-14).

바울은 또한 로마서 12장 1절의 권면을 통해 더 나아지고자 하는 갈망을 보여 줍니다.

"그러므로 형제들아 내가 하나님의 모든 자비하심으로 너희를 권하노니 너희 몸을 하나님이 기뻐하시는 거룩한 산 제물로 드리라 이는 너희가 드릴 영적 예배니라"(롬 12:1).

이러한 갈망은 거룩을 이루기 위해 자기 자신을 하나님께 매일 드리며, 생명이 거룩에 달려 있는 것처럼 유혹에 대항해서 싸우고, 미혹하는 환경을 미리 깨끗하게 제거하며, 특별히 마음과 생각을 지키고자 준비하는 것입니다.

점점 더 나아지고자 하는 갈망은 죄를 혐오하는 것과 동시에 하나님을 기쁘시게 하고자 하는 강한 바람과 결합되어 있습니다. 완벽함을 추구하는 훌륭한 공예가처럼 만족스럽지 않은 작품이 나오면 부끄럽게 여기는 것입니다. 우리는 이러한 갈망을 가지고 있습니까? 이러한 갈망은 더 나아지고자 하는 간절한 기도와 자기 검토를 통해서 어느 순간 되살아납니다.

6단계: 영적인 도움을 구하라

24-25절에서 거룩을 이루기 위한 6단계를 찾아볼 수 있습니다.

"오호라 나는 곤고한 사람이로다 이 사망의 몸에서 누가 나를 건져 내랴 우리 주 예수 그리스도로 말미암아 하나님께 감사하리로다"(롬 7:24-25).

바울은 로마서 8장에서 성령을 따라 행할 것과 성령께 능력을 공급받을 것을 권면하면서 영적인 도움을 구하는 것에 대해 구체적으로 설명해 줍니다(1, 4절).

주님은 우리에게 기도를 가르치실 때 "우리를 시험에 빠지지 않게 하시고, 악에서 구하소서"라고 기도하게 하셨습니다. 잘못된 욕구와 기질들이 옛 본성으로부터 스멀스멀 올라올 때, 혹은 주위에서 강력한 유혹이 다가올 때 우리는 주님을 부를 수 있습니다. 매일 살아 있는 양심과 주님이 우리를 지켜보신다는 새로운 깨달음을 달라고 기도할 수 있습니다. 우리를 떠나지 않고 강력하게 붙어 있는 죄가 진지한 기도 이후에 물러납니다. 성령께서 그것을 물리칠 수 있는 능력을 공급해 주시기 때문입니다. 때때로 그 죄에 대항해서 강한 혐오감을 갖게 하시기도 합니다.

바울이 6장과 7장에서 펼치고 있는 논증을 살펴보면, 여러 가지 많은 영적인 도움들이 신자들을 위해서 제공되고 있다는 사실을 알 수 있습니다. 그는 신자들의 특권에 호소하면서 "어떻게 우리가 죄에 머물 수 있겠느냐?"고 말합니다. 그리스도께서 우리를 어려움에서 구원해 내셔서 영광으로 인도하시는 모든 과정을 묵상하다 보면 죄에 대항해서 싸우겠다고 더욱 단단히 결심하게 됩니다.

7단계: 하늘의 일들을 생각하라

성화로 나아가는 데 있어서 또 다른 결정적인 단계는 우리의 관심을 적극적으로 영적인 일들에 두는 것입니다. 이것이 로마서 8장 5-6절에 묘사되어 있습니다.

> "육신을 따르는 자는 육신의 일을, 영을 따르는 자는 영의 일을 생각하나니 육신의 생각은 사망이요 영의 생각은 생명과 평안이니라"(롬 8:5-6).

육신의 일이나 영의 일을 '생각한다'는 것은 이런 일들의 어느 부분에 '마음을 두는 것'을 의미합니다. 이와 병행되는 구절이 있는데, 골로새서 3장 2절, "위의 것을 생각하고 땅의 것을 생각하지 말라"(골 3:2)라는 말씀입니다.

세상일에 대해서 관심을 가지는 것은 당연하고, 또한 건강한 것임이 분명합니다. 하지만 영적인 일들을 축소시킬 정도로 그 일들을 중요시해서는 안 됩니다. '하늘의 일들을 생각한다'는 것은 곧 영적인 연구와 독서, 그리고 일상생활에서 이루어지는 거룩한 대화에 관심을 쏟는 것을 의미합니다. 또한 이 세상에서의 그리스도의 사명과 곳곳에서 사역하고 있는 사람들이 받는 축복과 시련에 관심을 가지고, 다른 신자들의 필요와 경험에 민감해지며, 중보 기도에 그들을 포함시키는 것입니다. 그리고 증거할 기회를 얻기 위해서 언제나 기도하다가 구도자들을 독려하는 것입니다.

이러한 일들이 신자들의 주요 관심사가 되면 유혹은 곧 그 호소하는 바와 힘을 잃고 맙니다. 그리고 탐욕과 같은 죄악들이 그 발판을 마련하지 못하게 됩니다. 계획을 세우는 등 관심 있는 분야를 다루는 것은 그리스도인의 의무입니다. 하지만 세상적인 관심에 지나치게 몰두하는 듯싶으면 생각과 말을 다시금 조정해야 합니다. 신자들을 사로잡은 것이 무엇이든 그것이 그들의 마음과 면모를 형성할 것입니다. 그리스도께서 하신 말씀처럼, 우리 보물이 있는 곳에 우리 마음이 있기 때문입니다(마 6:21).

8단계: 죄를 죽이라

이제 가장 중요한 단계에 이르렀습니다. 거룩으로 나아가기 위해 우리는 죄를 죽여야 합니다. 죄악된 욕구가 올라오는 것을 막아야 한다는 뜻입니다. '죄를 죽이다'란 죄악된 욕구들을 끝장내는 것을 말합니다.[3] 죄악된 분위기와 기질들, 언어와 행위들의 불길을 끄는 것입니다. 바울은 "영으로써 몸의 행실을 죽이면 살리니"(13절)라고 말합니다.

지금까지 설명한 단계들 중 어느 하나도 무시되어서는 안 되겠지만 8단계는 결정적입니다. 우리는 기도로 하나님의 도우심을 힘입어 죄가 전혀 활동하지 못하게 함과 동시에 생각을 더욱 고상하고 나은 것에 집중시킬 수 있습니다.

40여 년 전 아내와 저는 런던 북쪽에 교회 하나를 새로 개척할 계획을 세웠습니다. 하나님의 선하심 가운데 교회 건물을 지을 수 있도록 매우 넓은 대지를 확보했습니다. 그곳은 오랜 세월 동안 잡목들로 온통 뒤덮인 상태였습니다. 야생의 넝쿨들과 가시들을 모두 잘라 내고 중장비를 동원해서 치웠습니다. 하지만 여전히 깊이 박힌 뿌리들이 여기저기 잔뜩 널려 있었습니다.

그것들을 처리할 수 있는 가장 효과적인 방법은 잔디 깎는 기계를 구입해서 계속해서 깎아 주는 것이었습니다. 계획대로 했더니 이내 그

---

[3] 여기서 주의해야 할 점은 육체 가운데 있는 죄를 완전히 소멸해 없애는 것은 우리가 육체를 가지고 있는 한 불가능하다는 것이다. 끝장낸다는 것은 소멸해 없앤다는 뜻이 아니라 그 활동이 제로 상태에 이르도록 제어한다는 것이다. 완전히 소멸하는 것이 가능하다고 보게 되면 완전주의에 빠지고 만다. 살아 있는 중에 우리 안에 있는 죄가 완전히 소멸될 수 있다는 잘못된 기대 때문에 완전주의에 빠지게 되고, 결국 실망해 더 이상 성경적인 그리스도인의 '완전'을 소망하지 않게 되는 것은 참으로 비극적인 현실이다. 내주하는 죄를 완전히 소멸할 수는 없지만 그 죄가 활동하지 못하도록 제어하는 것이 '죄를 죽이는 것'임을 아는 것은 성화를 추구하는 데 있어서 결정적으로 중요한 교리다-역주.

곳은 거대한 잔디밭처럼 보였습니다. 잡목과 가시나무들은 거의 사라지고 없었습니다. 그런데 시간이 흐르고 정기적으로 잔디를 깎아 주지 않자 가시나무와 잡목의 싹들이 다시금 스멀스멀 올라오기 시작했습니다. 잡목들이 여전히 그곳에 감추어져 있음을 보여 주면서 곧장 그 지역을 전부 뒤덮고 말 것이라는 경계 신호를 울리기 시작했던 것입니다.

그리스도인은 두 본성을 지니고 있습니다. 하나는 훨씬 뛰어나고 지배적인 새 본성이고, 다른 하나는 패배당하고 사라지고 있는 옛 본성입니다. 옛 본성은 여전히 살아 있기 때문에 싹이 보인다 싶으면 곧장 잘라 주어야 합니다. 잔디와 잡초는 지속적으로 깎고 제거해야만 관리하기가 쉽습니다. 잡초와 싹이라고 해서 무시하면 점점 더 감당하기 어려워집니다. 옛 죄들이 조금씩이라도 자라도록 허락하고 잠시라도 내버려 두면 곧 그 죄들을 억제할 수 없게 됩니다. 조금만 성깔대로 해 보자 하고 내버려 두면 곧 분노가 폭발하고 맙니다. 그러다 보면 결국 때를 가리지 않고 짜증을 내게 됩니다. 만약 어떤 신자가 신실하지 못한 변명을 늘어놓거나 과장하거나 서너 개의 하얀 거짓말을 하게 되면 그의 신실성을 순식간에 무너뜨리는 일들이 지속적으로 늘어나게 될 것입니다.

몸의 행실을 매일같이 죽이면 주님의 도우심으로 점점 더 쉬워지고, 큰 죄의 희생물로 전락할 위험성이 점점 더 희박해집니다. 반대로 단지 간헐적으로만 죽인다면 고통스러운 일과 큰 실패 속에 빠져들 것입니다.

성화의 과정에 필수적인 모든 단계들

성화에 이르기 위해서는 앞에서 제시한 모든 단계들이 필요합니다. 1단계에서는, 옛 본성의 잔류가 일으키는 문제점을 인식하지 못하면 혼란에 빠집니다. 우리는 원수가 누구이며 그가 어떻게 싸우고 있는지에 대해서 알아야 합니다. 2단계에서는, 적극적인 목표가 없으면 전혀 열매를 맺을 수 없고 애매모호하기만 합니다. 3단계에서는, 특정한 죄를 피하기 위한 목표를 세우지 않으면 사활을 걸고 싸우는 전투에서 목적을 잃은 채 무기력한 상태가 되고 말 것입니다. 4단계에서는, 자기 검토를 빠뜨리게 되면 무관심과 자기 의를 주장하는 생각이 마음을 사로잡을 것입니다. 5단계에서는, 더 나아지고자 하는 불타는 열정이 없다면 죄를 변명하기만 하고 하나님의 거룩하심과 위대하심에 대한 경외심을 상실해 버릴 것입니다.

6단계에서는, 특정한 죄에 저항하기 위해서 하나님께 도우심을 구하지 않고 하루를 보내면 결국 그것들에 굴복당하고 말 것입니다. 7단계에서는, 영적인 일들보다도 세상에 속한 것들에 더 큰 관심을 갖는 것은 마음을 영적인 냉담함에 내어놓는 것이고, 영적 전투에 필요한 결정적인 힘을 빼앗겨 버리는 것과 같습니다. 마지막으로 8단계에서는, 죄악된 욕구와 행위를 적극적으로 끝장내는 일에 실패하면 승리가 바로 눈앞에 있는데도 원수와 더불어 손을 잡는 셈이 됩니다.

Chapter 4
영적 기쁨
주를 묵상함으로 영적 기쁨을 누리라

"오직 성령의 열매는 사랑과 희락[기쁨]과 화평과 오래 참음과 자비와 양선과 충성과 온유와 절제니 이 같은 것을 금지할 법이 없느니라"(갈 5:22-23).

처음으로 성령께서 우리의 인생에 역사하실 때 그분은 기쁨보다는 근심을 불어넣으십니다. 우리의 안일하고 무관심한 심령을 흔들어 깨우셔서 영적인 파산과 필요성을 절감하게 하시기 때문입니다. 또한 그분은 우리가 결코 선택할 수 없는 일, 곧 하나님 앞에서 저주받은 인생을 한 자신의 모습을 보게 하십니다. 회개와 믿음으로 이끄시고, 삶 속에서 변화되는 역사를 경험하게 하심으로 영적인 확신과 행복의 선물을 받게 하십니다. 이러한 일이 일어나기 이전에 우리는 단지 손에 쥐었다가 금세 사라지는 세상적인 기쁨만을 가졌을 뿐입니다.

영적 기쁨은 마음속에서 우러나오는 깊은 즐거움과 희락입니다. 여기에는 놀랍도록 감사한 마음, 영적 기쁨을 기대하면서도 평안을 누리는 마음이 포함됩니다. 이는 그리스도께서 우리를 위해서 행하신 일들과 이 세상에서만 아니라 영원토록 행하실 일들, 아울러 그분 자신을 알게 될 때 즉각적으로 주어지는 결과입니다.

그리스도인이 누리는 기쁨은 지속적인 성질을 갖고 있습니다. 간혹 슬픔이나 충격, 혹은 공포나 죄로 인해서 기쁨이 외적으로 가려질 수는 있습니다. 하지만 기쁨은 신자의 인생에 계속해서 머무릅니다. 어떤 경우에는 아주 높은 경지에 이르기도 합니다. 극렬한 갈등과 실망과 상실이 난무하는 최악의 상황에서도 기쁨이 꽃필 수 있습니다. 예수님은 우리에게 영원한 기쁨을 주시면서 "너희 기쁨을 빼앗을 자가 없으리라"(요 16:22)라고 말씀하셨습니다. 깊은 좌절 가운데 처해 있을지라도 우리는 하나님의 목적을 깨닫고 항상 기뻐할 수 있습니다. 그분의 위대한 선하심을 즐거워하기 때문입니다. 그래서 "주 안에서 항상 기뻐하라"(빌 4:4)라는 명령이 주어진 것입니다.

이 명령은 고난의 맥락에서 주어졌습니다. 바울 사도는 빌립보서 4장 5절에서 "너희 관용을 모든 사람에게 알게 하라"라는 권면을 덧붙였습니다. "너희의 넓은 아량, 부드러운 합리성, 매우 차분함을 모든 사람에게 보여 주라"라는 것입니다. 그는 우리가 스트레스와 어려움으로 성급하게, 혹은 절망적으로 반응하도록 유혹당하는 상황을 염두에 두고 있었습니다. 그때 우리가 주님께 위로를 구할 수 있고, 기뻐할 수 있다는 것입니다. 이것은 기쁨이 다양한 형태를 취할 수 있음을 우리에게 분명히 알려 줍니다.

때때로 이러한 기쁨은 말로 표현하기가 어렵습니다. 그래서 베드로는 "말할 수 없는 영광스러운 즐거움으로 기뻐하니"(벧전 1:8)라고 말했습니다. 우리는 여기에서 그리스도인이 누리는 기쁨의 또 다른 특징을 발견할 수 있습니다. 이 기쁨은 언제나 사려 깊고, 합리적이며, 내용이 있습니다. 약물에 취해 황홀경에 빠지는 것과는 다릅니다. 어떤 강력하고 감정적이며 조작적인 세력에 의해서 빨려드는 것과 같지 않습니다. 왜 기뻐하는지 그 이유를 알고 있는 것입니다.

게다가 이런 기쁨은 세상적이고 물질적이며 비용을 많이 들여서 누리는 쾌감과도 같지 않습니다. 우리는 부족한 가운데서도 기쁨을 누릴 수 있습니다. 역사적으로 수많은 신자들이 현대의 삶의 기준으로 보면 전혀 상상할 수조차 없을 정도로 부족한 상태에 처해 있었으나 행복을 누렸습니다. 세상적인 기쁨은 계속적인 자극이 주어져야 하고, 자극이 사라지자마자 기쁨도 함께 사라지고 맙니다.

또한 영적 기쁨은 성격과 무관한 것으로 알려져 있습니다. 매우 진지한 기질을 가진 신자들은 깊은 내적 기쁨을 누릴 수 있습니다. 보다 외향적인 기질의 신자들은 같은 정도의 기쁨이라도 다른 형태로 그 기쁨을 경험할 수 있습니다. 여러 다른 성격들에 대해서 놀라울 정도로 다양한 기쁨이 주어지는 것입니다.

기쁨의 특징과 혜택

어떻게 하면 기쁨을 잃어버릴 수 있는지, 또한 반대로 넘치게 할 수 있는지를 살펴보기 이전에 기쁨의 특징과 혜택을 생각해 보겠습니다. 기쁨은 의심할 바 없이 예배를 구성하는 요소인 동시에 예배의 한 형태입니다. 하나님은 당신의 자녀들이 예배를 위해 봉사하는 것을 제쳐 놓고서라도 그분 안에서 행복하고, 그분을 향해 감사하며, 그분의 사랑으로 인해 의식적으로 고무되기를 바라십니다. 그리스도인의 기쁨은 그 자체가 지속적이고 값진 예배 행위이자 공적 예배의 결정적인 구성 요소입니다. 그래서 시편 기자는 "내가 그의 장막에서 즐거운 제사를 드리겠고"(시 27:6), "기쁨과 감사의 소리를 내며 그들을 하나님의 집으로 인도하였더니"(시 42:4)라고 노래했습니다.

하나님은 불행한 그리스도인들로 인해 명예로워지지 않으십니다. 물론 우리가 영적 전투를 치르거나 주님을 위해 봉사할 때 좌절하는 경우가 종종 있기는 합니다. 하지만 이런 일들 때문에 주님을 향한 깊은 신뢰, 영적인 축복에 대한 차분하면서도 감사가 넘치는 태도가 불행에 휩쓸리게 놔두어서는 안 됩니다.

영적 기쁨의 혜택들 가운데에는 강화시키는 능력이 있습니다. 사탄이 우리를 공격해 오고 만사가 반대 상황일 때 영적 기쁨은 우리를 지속적으로 도와 우리의 힘보다 훨씬 더 강한 힘을 얻게 합니다.

기쁨으로 얻을 수 있는 또 다른 성취는 우리로 하여금 하나님께 더 유용하게 쓰임 받게 한다는 것입니다. 기뻐하는 사람이 증거하는 것이 우울한 사람이 증거하는 것보다 훨씬 더 효과적입니다. 우리 마음속에 기쁨이 있으면 그것이 다른 사람들에게 느껴집니다. 신자들이 주님을 굳건하게 붙들고 하나님의 도우심을 구하면서 행복한 모습으로 살아가는 모습을 보고 질투심을 느끼게 되었다는 비신자들의 증언을 많이 듣습니다. 우울한 그리스도인은 그 마음속에 다른 사람들의 영혼을 배려하는 여유를 많이 갖지 못합니다. 자신의 우울함에 집중하고 있기 때문입니다. 그러므로 기뻐하는 신자가 주님을 섬기는 봉사에 있어서는 더욱더 유용합니다.

또한 그리스도인의 기쁨은 수많은 유혹의 함정들에서 우리를 구해 줍니다. 만족하고 기뻐하는 사람은 큰 탐욕의 유혹에 넘어질 가능성이 적습니다. 대개 그리스도 안에서 감사하고 기뻐하는 일을 점차적으로 잃어버린 신자들의 경우 물질적인 것들, 즉 더 많은 소유물이나 더 큰 집, 더 좋은 차를 소유하는 것으로 보충하고자 합니다. 탐욕의 길은 기쁨의 좁은 길에 잡초가 덮여서 잘 보이지 않을 때 시작됩니다.

어떻게 기쁨을 잃어버릴 수 있는가?

그런데 이처럼 놀라운 기쁨을 어떻게 잃어버릴 수 있단 말입니까? 분명한 사실은 죄가 우리에게서 기쁨을 빼앗아 간다는 것입니다. 이것은 쉽게 설명됩니다. 우리는 기쁨을 유지하기 위해 노력해야 마땅합니다. 하지만 본질적으로 기쁨은 성령께서 주시는 선물입니다. 따라서 죄가 있으면 성령께서 그 기쁨을 거두어 가십니다. 다윗이 시편 51편에서 "주의 구원의 즐거움을 내게 회복시켜 주시고"(시 51:12)라고 기도한 이유도 그 때문입니다. 그는 죄를 범했고, 구원의 확신과 영적 기쁨이 물러가 버렸습니다.

죄들, 혹은 성령의 열매와 반대되는 육신의 소욕들(갈 5:19-21) 중에 화냄과 분노가 있습니다. 여기에는 분 내는 것도 포함됩니다. 이것들은 그리스도인의 기쁨을 제거해 버립니다. 만약 죄가 영적 기쁨을 빼앗아 버리면 우리는 영적인 냉담함과 우울함에 빠져들게 됩니다. 이때는 기독교 상담가를 찾아간다 해도 아무 소용이 없습니다. 오직 하나님만이 용서해 주시고 기쁨을 회복시키실 수 있습니다.

하나님은 죄를 고백하지 않은 채 반복해서 그 죄를 저지르고 있는 사람에게는 영적 기쁨을 허락하지 않으십니다. 예를 들어, 결혼생활을 하면서 서로에 대해서 예의가 부족하거나 사랑과 존경심이 없이 상처만 서로 주고받으며 살아간다고 칩시다. 이런 일들이 계속 되풀이되면서 마음껏 표출되도록 방치된다면 성령께서 우리에게 영적 기쁨을 허락하실까요?

영적 기쁨은 교만과 함께할 수 없습니다. 시기심이나 원한과도 공존할 수 없습니다. 자기연민도 기쁨을 잃게 하는 원인입니다. 자기연민은 인간적인 감정의 모든 능력을 소진해 버려서 감사와 사랑과 기쁨을 위한 여지를 남겨 놓지 않기 때문입니다. 또한 매일같이 자기연민이 마음속에서 계속 맴돌 때 우리는 모든 기쁨을 잃어버리고 맙니다.

기쁨을 잃게 하는 가장 주된 원인은 믿음을 적용하는 일에 실패하는 것입니다. 이것은 우리가 장기간에 걸쳐서 배워야 할 수업입니다.

우리는 이렇게 말해야 합니다. "지금은 참 어려운 때야. 하지만 주님을 꽉 붙잡아야지. 내 형편을 주님께 아뢰어야겠어. 그 문제를 피하게 해 주시든, 그 일을 통해서 나를 연단시켜 주시든 언제나 주님을 신뢰할 거야. 지난날 베푸셨던 선한 일들을 묵상하면서 주님을 찬양하고 감사하겠어. '하나님을 사랑하는 자 곧 그의 뜻대로 부르심을 입은 자들에게는 모든 것이 합력하여 선을 이루느니라'(롬 8:28)라는 말씀을 붙들어야지."

하지만 우리는 보통 이렇게 영적으로 생각하는 대신에 자기연민과 불행감이 마음을 사로잡도록 내버려 둡니다. 믿음이 실패하는 것입니다.

아마도 기쁨을 잃게 하는 가장 불필요한 (그리고 불충한) 원인은 감사하지 않고 반응하지 않는 태도일 것입니다. 심지어 시험이 없는데도 말입니다. 우리는 우리에게 주어진 특권, 축복, 그리고 그리스도와 동행할 수 있는 기회와 미래를 매일같이 묵상하고 있습니까? 하나님과 그분의 말씀을 묵상하고 있습니까? 아니면 우리에게 주어진 모든 축복들을 너무 당연하게 여기고 있지는 않습니까? 하루 중에 기회가 있을 때마다 이 땅에서 누리는 영적인 축복들에 대해서 구체적으로 감사드리고 있습니까? 이것이 영적 기쁨의 가장 중요한 원천입니다. 다른 원천들은 잠시 뒤에 생각해 볼 것입니다.

영적 기쁨에 손상을 주는 것 중에 세속성은 이미 언급했습니다. 우리가 이 세상의 강력한 음악적 운율들로 머릿속을 가득 채우면 우리의 기쁨은 육체적이고, 생물학적이며, 세상적이고, 일시적인 것이 될 것입니다. 영적 기쁨이 죄에 기초한 흥밋거리들 때문에 움츠러들 것입니다. 우리는 둘 다를 가질 수 없습니다. 세상적인 교제로 기뻐하고 있습니까? 분명히 영적 기쁨을 빼앗기고 말 것입니다. 성경은 "악한 동무들은 선한 행실을 더럽히나니"(고전 15:33)라고 말합니다. 악한 사람들을 친구 삼아 교제하게 되면 선한 행실과 생각과 감정들이 오염될 수밖에 없습니다.

어떻게 기쁨이 넘치게 할 수 있을까?

영적 기쁨의 원천 되시는 성령께서는 여러 가지 방법으로 우리에게 기쁨을 전달해 주십니다. 무엇보다 성령께서는 우리의 영혼에 직접적으로 큰 기쁨을 부어 주십니다. 성경은 "우리에게 주신 성령으로 말미암아 하나님의 사랑이 우리 마음에 부은 바 됨이니"(롬 5:5)라고 말합니다. 부모가 자녀들에게 음식을 차려 주면 자녀들이 그 음식을 맛있게 먹듯 성령께서는 우리가 반드시 취해야 할 기쁨의 원천을 제공해 주십니다.

그 가운데 가장 먼저 예배를 들 수 있습니다. 하나님께 경외심을 집중시키면서 그분의 속성을 찬송하다 보면 우리는 어느새 주님이시며 구세주이시요, 보호자이시며 친구 되시는 분을 모시고 있다는 사실에 큰 위로와 행복감으로 충만해집니다. 갈보리의 공로를 기억하면서 찬양하는 중에 우리의 마음이 녹아져서 사랑과 기쁨으로 채워집니다. 다른 사람과 함께 예배를 드리든 홀로 예배를 드리든 진정한 예배만큼 영혼의 행복을 증진시키는 것은 없습니다. 이것이 영적 생활의 진수입니다.

다소 의아한 방식이긴 하지만 회개 역시 깊은 기쁨의 원천입니다. 양심의 문제가 해결되고 죄의 짐이 사라지면서 우리는 하나님과 평화를 누리게 되는데, 이때 모든 이해력을 뛰어넘는 평화를 맛보게 됩니다. 바울은 "이제 우리로 화목하게 하신 우리 주 예수 그리스도로 말미암아 하나님 안에서 또한 즐거워하느니라"(롬 5:11)라고 말했습니다. 우리 구세주께서 우리를 위해 심판을 받으셨고, 우리 죄가 사라졌습니다. 하나님은 더 이상 우리 죄를 기억하지 않으십니다. 우리 양심에 있던 더러움들이 제거되고 청결해졌습니다. 이것은 우리에게 크나큰 기쁨을 가져다주는 비교할 수 없는 축복입니다.

때때로 우리는 오래전에 범했던 죄악들을 기억하곤 합니다. 얼마나 끔찍했던지! 우리가 범한 일들, 그 생각과 말들! 우리는 그 죄들을 다시금 회개해야겠다고 마음을 먹습니다. 하지만 그렇게 해서는 안 됩니다. 단지 우리가 회개한 그때 하나님이 이미 용서해 주셨음을 믿고 찬양하며 감사해야 합니다.

과거의 죄가 기억나거든 우리를 위해 죽으사 죗값을 대신 치르시고 당신의 범죄한 제자들을 정결하게 해주신 그리스도께 찬양과 감사를 드려야 합니다. '하나님이 나의 죄책을 모두 없애 주시고 새로운 기회를 주시며 나를 회복시켜 주셨어. 이제는 하나님의 도우심으로 그분을 영화롭게 하고, 그분께 순종하며 살 거야'라고 생각할 때 우리 마음속에 안심과 놀라움, 그리고 기쁨이 샘솟듯 뿜어져 나올 것입니다. 이처럼 회개를 통해 겸손과 감사가 넘치는 기쁨이 나와 우리로 하여금 더욱더 분명하게 죄에 대항해 싸우게 해줍니다. 이것이 참된 영적 삶입니다.

또한 규칙적으로 묵상하는 삶을 살면 큰 기쁨을 누릴 수 있습니다.

"오직 여호와는 하나님이시요 다른 신이 없는 줄을 알아 명심하고"(신 4:39).

모세는 "[마음속에] 명심하고"라고 말했습니다. 영적인 일들을 자세하고 구체적으로 묵상하십시오. 공부하고 살피십시오. 이것이 우리가 해야 할 일입니다. 이 일을 행하지 않으면 기쁨이 제한될 것입니다. 묵상은 기쁨을 약속하는 원천입니다. 꽃다발을 선물로 받으면 무척 기쁘지만 꽃병에 담아 놓고 두고두고 바라보면 그 기쁨이 배가됩니다. 구속 역사에 대해서, 하나님의 약속들에 대해서, 그리고 신앙의 위대한 교리들에 대해서 시간을 들여서 묵상하십시오.

예를 들어, 견인의 교리를 묵상해 보십시오. 견인에 관한 성경 말씀들을 배워서 깨닫고, 그 말씀들에 의지하십시오. 그러면 그리스도 안에 있으면 아무것도 그분의 손에서 우리를 빼앗을 수 없다는 것을 확신하게 될 것입니다. 우리는 지금은 물론 영원토록 하나님의 소유입니다. 영적인 것들에 대해서 묵상하는 것이야말로 끊임없는 기쁨의 원천입니다. 이것이 영적 삶입니다.

그리고 기도라는 놀라운 방편이 있습니다. 예수님은 이렇게 말씀하셨습니다.

"너희가 내 이름으로 무엇을 구하든지 내가 행하리니 이는 아버지로 하여금 아들로 말미암아 영광을 받으시게 하려 함이라"(요 14:13).

우리는 (실제적인 필요를 제외하고는) 보통 자기 자신만을 위해 기도하지는 않습니다. 만약 우리가 다른 이들을 향한 축복, 복음의 선포, 그리스도의 사역자들을 돕고 후원하는 것, 그리고 거룩해지고자 하는 열망을 마음속에 품고 있다면 우리의 기도는 분명히 응답받을 것입니다. 그리스도께서 주신 이 약속들로 인해 행복과 기쁨이 넘치는 주의 자녀가 되어야 하지 않겠습니까? 하나님은 우리의 부르짖는 소리마다 들으시고, 당신의 지혜와 선택하신 방법과 당신의 때에 응답하겠다고 말씀하셨습니다.

우리는 주권적인 하나님을 설득할 수 있는 놀라운 특권을 소유하고 있습니다. 하나님은 우리의 부르짖음에 양보하실 수 있습니다. 그 특권을 소유하게 된 이유는 우리가 그분의 자녀이고, 그분이 그렇게 하기를 원하시기 때문입니다. 하나님의 뜻이라는 거대한 신비 가운데, 그분은 세상의 기초가 세워지기 전에 우리의 기도를 들으셨습니다. 그리고 아버지의 미소를 얼굴에 띠시며 그분의 주권적인 목적 안에서 우리가 요구하는 바에 대해 신적인 호의를 베풀기로 작정하셨습니다. 인간의 이해력으로는 결코 헤아릴 수 없는 놀라운 특권이 아닐 수 없습니다. 그러니 어찌 우리가 우울한 사람이요, 염세적인 사람이 될 수 있겠습니까?

만약 어떤 사람이 "당신의 말에 대통령이 귀를 기울이신다오"라고 말한다면 우리는 그 말을 듣고 깜짝 놀랄 것입니다. 하물며 누군가 "지극히 존귀하신 하나님이 내 말에 귀를 기울이십니다"라고 말한다면, 그것이야말로 진정 놀라운 특권이 아니겠습니까?

우리는 사랑하는 사람, 그리스도께로 돌아오지 않는 사람, 해가 갈수록 의심스런 생각과 반항적인 사고로 머릿속을 꽉꽉 채워 가는 사람을 위해 도고의 기도를 할 수 있습니다. 그러면서 스스로에게 이렇게 말할 수 있습니다. "내가 기도하는 하나님은 만사를 결정하는 분이시니까 반항적이기만 한 내 사랑하는 사람에 대해서도 그러실 거야. 그는 자기가 좋아하는 것을 생각하겠지만, 하나님이 내 기도를 들으시면 분명 변화될 거야. 그분은 주권적인 하나님이시니까." 이런 확신은 믿음 안에서 기쁨과 평화를 가져다줍니다.

마찬가지로 우리는 내면의 슬픔과 부담스러운 모든 것을 주님께 가져올 수 있습니다. 슬픔과 고뇌, 그리고 짐스러운 것들을 창조주 하나님, 만물의 통치자 되시는 분께 나누면서 그분이 당신의 백성들을 돌보실 것이라는 사실을 아는 것은(벧전 5:7) 무척이나 값진 또 하나의 특권입니다. 이러한 축복을 갖는 것은 세상 역사 가운데 가장 강력하고 부유했던 사람들보다 더 큰 부요함을 누리는 것입니다.

기도 응답을 받은 것을 바로 다음 날이나 다음 주일이 채 오기도 전에 잊어버리는 경솔함을 보이지는 않습니까? 우리는 하나님이 응답해 주신 것들을 기록해 두고, 기억에 저장해 두어서 때때로 되돌아보아야 합니다. 기도 응답을 받는 것은 참으로 놀라운 일이 아닙니까? 이 기도 응답은 매 시간, 매일, 매 주일 받을 수 있는 것이 아닙니다. 때때로 누군가를 위해서 몇 달간, 혹은 수년간 기도하기도 합니다. 심지어는 기도가 약해지는 그때 기도가 응답되기도 합니다. 그때 우리는 하루 이상 그 감동을 이어 갑니까? 그 일을 영광스럽게 여기지 않는 것은 아닙니까?

천지의 하나님이 우리의 삶에 개입하셔서 다른 사람들을 위한 나의 절뚝거리는 도고의 기도를 들으셔서 사람들의 영혼을 구원하시고 영원한 지옥으로부터 사랑과 빛의 왕국으로 옮기십니다. 이는 엄청난 일입니다. 우리는 감사와 경탄과 행복으로 우리의 마음을 하나님께 올려 드리지 않을 수 없습니다. 이것이 참된 영적 삶입니다. 어떤 선물을 달라고 어리석게 떼쓰거나 성령의 음성과 메시지를 상상하는 것이 아닙니다.

기쁨의 원천이 또 하나 있습니다. 그것은 말씀을 연구하는 것입니다. 만일 성경을 읽되 하루에 다섯 구절쯤 읽고, 그것도 흘깃 훑어보는 것에 그친다면 참 서글픈 일입니다. 오, 사랑하는 친구들이여, 말씀을 읽읍시다. 도움을 받을 만한 교재가 없다면 사고를 자극하기 위해서 매튜 헨리(Matthew Henry)의 주석을 읽으십시오. 성경을 어떻게 읽어야 하고, 그 안에서 어떻게 기뻐할지 배울 수 있을 것입니다. 시편 기자는 "주의 율례들을 즐거워하며 주의 말씀을 잊지 아니하리이다"(시 119:16), "주의 율법을 즐거워하나이다"(시 119:174)라고 노래했습니다. 우리도 이렇게 고백할 수 있습니까?

아울러 강력한 성경의 체계 역시 기쁨의 원천이 됩니다. 예를 들어, 신약성경에 등장하는 은혜 교리에 관한 모든 것이 창세기에서도 발견됩니다. 이것은 성경의 통일성과 신적 저작권을 증명해 줍니다. 그것을 발견해 봅시다. 스스로 깨달아 봅시다. 그것을 발견할 때마다 그로 인해 하나님께 감사합시다. 하나님의 말씀, 그 말씀의 놀라울 정도의 깊이와 신비로울 정도의 일치성을 사랑합시다. 매일 이렇게 질문합시다. "여기서 어떤 교리를 배울 수 있는가?", "어떤 책망을 발견할 수 있는가?", "어떤 의무와 격려와 약속이 제시되어 있는가?", "이 구절 속에 나의 주님과 구주께서 계시는가?"

그리스도께서는 창세기부터 요한계시록을 하나로 잇는 견고한 등뼈이자 전선줄이 되십니다. 모든 역사적인 성경 구절들 속에는 인간의 본성과 행동에 대한 깊은 관찰과 통찰이 수없이 들어 있습니다. 주의해서 읽기만 하면 발견할 수 있습니다. 여기에 하나님의 책, 신적인 말씀, 상상할 수 있는 최고의 학문과 지혜가 있습니다. 그리고 우리는 그 속에 들어가서 그것을 집어 들 수 있도록 선택된 사람들입니다. 그러므로 얻을 수 있는 모든 깨달음들에 대해서 감사하고 미소를 띠며 기뻐합시다. 이것이 영적 삶입니다.

이제 우리가 다른 신자들의 모습 속에서 보게 되는 하나님의 작품, 즉 그리스도인의 성품을 기뻐하는 것을 지적하고자 합니다. 우리는 때때로 서로에 대해서 불평할 만한 원인들을 찾아내 늘어놓습니다. 하지만 그렇게 해서는 안 됩니다. 물론 여전히 타락의 흔적을 지니고 있기에 불평할 수 있습니다. 하지만 우리는 모든 불평의 원인들 위에 올라서서 다른 신자들 속에서 이루어지고 있는 은혜의 역사를 보며 은혜를 받아야 합니다.

다른 신자들을 바라보며 그들의 인내와 사려 깊음에 감탄합시다. 그들의 깊은 성품, 강인함, 환란 속에서도 넘어지지 않는 경건함, 지속적인 친절함, 그리고 자비와 겸손에 놀랍시다. 물론 그들이 이전에도 항상 그러했던 것은 아닙니다. 이는 우리의 주가 되시고 구주이신 예수 그리스도께서 그들을 만나 주신 흔적입니다. 우리가 그들과 같아진다면 얼마나 좋을까요? 그리스도께서 그들 속에 나타나 계시기 때문에 우리는 그들을 사랑합니다. 그래서 믿음으로 확신하는 가운데 기뻐할 수 있는 것입니다.

우리는 함께함으로 기쁨을 누립니다. 많은 공통점이 있는 가족적 유대감을 가질 때 그럴 수 있습니다. 우리는 대개 동일한 방식으로 생각합니다. 영적인 일들에 대해서 동일한 취향을 갖고 있습니다. 동일한 목적을 가지고, 동일한 것을 사랑합니다. 우리는 영적인 언어로 서로 대화하며, 우리를 설명할 필요도 없습니다. 우리는 서로 간에 등 뒤에 칼을 꽂는 일을 겪지 않습니다. 서로 간에 신뢰하고 있습니다. 그리스도인의 성품을 가진 이들과 더불어 교제하며 기뻐하는 것은 얼마나 놀라운 일입니까! 다윗 왕은 경건한 사람을 대단히 추앙했습니다.

"의인이 나를 칠지라도 은혜로 여기며"(시 141:5).

이것이 그리스도께서 이루신 일들을 통해 서로 간에 기쁨을 누릴 수 있는 방법입니다. 진실로 "우리는 형제를 사랑함으로 사망에서 옮겨 생명으로 들어간 줄을"(요일 3:14) 알게 됩니다. 이것이 영적 삶입니다.

우리는 우리를 둘러싼 창조 세계를 보면서 기쁨을 누릴 수 있습니다. 물론 고층 건물이 즐비한 도시에서는 즐기기 어려운 일이긴 합니다. 하지만 때로 자연의 경이로움을 감상할 기회를 갖게 되면 잠시 쉬면서 그 안에서 기뻐해야 합니다. 다윗은 소년기과 청년기에 양을 돌보았습니다. 한밤중에 캄캄한 밤하늘을 바라보면서 하나님의 창조 세계를 음미하는 중에 그는 이렇게 노래했습니다.

"주의 손가락으로 만드신 주의 하늘과 주께서 베풀어 두신 달과 별들을 내가 보오니 사람이 무엇이기에 주께서 그를 생각하시며 인자가 무엇이기에 주께서 그를 돌보시나이까"(시 8:3-4).

다윗이 우주의 광대함과 하늘의 경이로움을 응시하면서 감탄해 마지않아 내뱉은 표현을 읽어 보십시오.

"여호와께서 행하시는 일들이 크시오니 이를 즐거워하는 자들이 다 기리는도다"(시 111:2).

우리는 하나님의 역사를 보며 기뻐 감격하는 사람들 가운데 있어야 합니다. 아름다운 경치를 보게 되면 잠시 쉼을 가지며 묵상하십시오. 세상에는 분명히 타락의 증거가 될 만하고 보기에 흉측한 모습들이 있습니다. 이런 것들은 우리가 성경을 이해하는 데 확신을 줍니다. 반면에 매우 놀랄 만한 장소들도 있습니다. 감탄하십시오. 하나님을 찬양하면서 "이것이 우리 주님의 솜씨로구나!" 하고 말하십시오. 그리고 미래의 영역으로 치솟아 그 누구도 보지 못한 창조주 하나님의 경이로우심을 직접 눈으로 보게 된다면 어떨지 상상하며 경탄하십시오.

왜 그렇게 해야 합니까? 이 세상에서 아무리 놀랄 만한 광경이라 하더라도 영원한 영광 가운데 보이는 어떤 것에 비하면 아무것도 아니기 때문입니다. 그러니 너무 서둘러 지나가지 말고 하나님의 능력의 모든 경이로움을 더욱더 가치 있게 여기는 법을 배우십시오. 성경은 이것이 주님을 경외하는 이들에게 즐거움과 기쁨을 주는 원천이라고 말합니다. 이것 또한 영적 삶인 것입니다.

환란 또한 기쁨을 가져온다는 것을 다시금 기억합니다. 신약성경에서 가장 이른 서신서는 아마도 야고보서일 것입니다. 야고보는 30여 년간 예루살렘교회에서 목회했습니다. 이 서신은 다음과 같은 권면으로 시작합니다.

"내 형제들아 너희가 여러 가지 시험을 당하기든 온전히 기쁘게 여기라"

(약 1:2).

왜 시험과 어려움이 온전한 기쁨의 원천이 될 수 있습니까? 고난을 통해 다른 때에는 결코 할 수 없었던 주님을 증명할 수 있기 때문입니다. 하나님은 우리의 중심을 보시고, 우리는 신실한 기도에 응답하시는 하나님께 감사와 찬송을 올려 드립니다. 시험에서조차 기쁨을 이끌어 내는 것이야말로 영적 삶의 진수입니다.

그리스도를 묵상하라

우리로 하여금 하나님을 기쁘시게 하고, 우리의 증거를 강화시키며, 모든 유혹을 이겨 내게 하는 영적 기쁨의 주요 원천들을 살펴보았습니다. 그러나 기쁨의 원천 중에서도 최상의 원천은 그리스도를 묵상하는 것임을 잊지 말아야 합니다. 물론 성부에 대해서도 묵상할 수 있습니다. 하지만 성부는 성자 안에서 가장 완벽하게 당신을 계시하셨습니다. 육체로 계시된 하나님이신 주 예수 그리스도 안에서 신성의 핵심을 볼 수 있는 것입니다.

믿음의 눈으로 그리스도를 보면, 그분이 하늘에서 우리를 위해 중보 기도 하시며 우리의 현재와 미래의 삶을 계획하고 계시는 모습이 보입니다. 그때 우리는 확신과 커다란 행복감에 젖어 이렇게 말할 수 있습니다. "그리스도께서는 영광의 주님이시요, 모든 세계를 창조한 분이시며, 우주의 주재가 되십니다. 나도 그분의 것이며 그분은 나의 것입니다."

땅이나 하늘, 혹은 바다 가운데 이보다 더 감동적인 사실이 어디 있겠습니까? 우리의 마음이 행복과 즐거움, 기쁨으로 차고 넘쳐야 마땅하지 않겠습니까? 이것이 영적 삶입니다.

Chapter 5
친밀
믿음으로 그리스도의 가까이하심을 확신하라

"여호와의 친밀하심[가까이하심]이
그를 경외하는 자들에게 있음이여"(시 25:14).[4]

신자들은 삶 속에서 주님의 임재를 정확하게 어떤 의미로 체험하게 되는 것일까요? 성경의 여러 구절들이 그리스도와의 친밀한 연합에 대해서 언급하고 있습니다. 먼저, 에베소서 3장 18-19절에서 바울 사도는 신자들이 "지식에 넘치는 그리스도의 사랑을 알고……하나님의 모든 충만하신 것으로 너희에게 충만하게 하시기를" 간구했습니다.

---

[4] 한글 개역개정에서 '친밀하심'으로 번역된 이 단어는 히브리어 '소드'(סוד, them)를 번역한 것인데, 영어성경에는 'secret'(KJV), 'friendship'(ASV), 'secret counsel'(Holman), 'intimate friendship'(Lexam) 등으로 번역되어 있다. 히브리어 원어의 의미에 대해서는 저자가 본문에 소개하고 있다. 계속되는 저자의 설명을 보면, 그는 '친밀하심'을 감정적인 것으로 이해하지 않고 일차적으로는 '가까이하심'(nearness)이라는 인지적인 차원에서 설명한다. 물론 인지적인 차원에서의 '가까이하심'을 실제적으로 깨닫게 되면 그 반응으로써 감정적인 친밀감을 갖게 되는 것은 당연하다. 이처럼 저자가 인지적인 것과 인지적인 것에 의한 반응을 구분하고 있음에 유의해야 할 것이다.-역주.

시편도 다양한 표현들로 주님과의 친밀함을 묘사합니다. 시편 140편 13절은 의인이 어떻게 주님의 임재 안에 거하게 되는가를, 시편 91편 1절은 언약 속에 들어 있는 놀라운 친밀함을 보여 줍니다.

"진실로 의인들이 주의 이름에 감사하며 정직한 자들이 주의 앞에서 살리이다"(시 140:13).

"지존자의 은밀한 곳에 거주하며 전능자의 그늘 아래에 사는 자여"(시 91:1).

다윗은 회개하는 시편에서 "나를 주 앞에서 쫓아내지 마시며"(시 51:11)라고 기도했습니다. 시편 25편 14절은 하나님과의 연합을 묘사하기 위해서 "여호와의 친밀하심"이라는 인상적인 표현을 사용하고 있습니다.

'친밀하심'을 나타내는 히브리어 '소드'는 조밀하게 베를 짜서 모은 것, 혹은 두세 사람이 만나서 의논하는 '작은 모임'(session)을 가리킵니다. 절대 비밀을 지키면서 외부에 대해서 배타적으로 몇몇 사람만이 모이는 모임 말입니다. 그래서 그리스도인이 주님과 더불어 갖는 친밀함을 묘사하는 표현이 된 것입니다.

이 모든 것이 의문을 불러일으킵니다. 도대체 이러한 친밀함을 어떻게 체험할 수 있느냐는 것입니다. 어떤 사람들, 특히 새 신자들은 이 질문에 관심이 많습니다. 그래서 그들은 신비주의적이고 감각적인 은사주의운동과 자칭 경건주의자들, '보다 높은 삶'을 가르친다는 사람들의 상상에 근거한 경험들에 노출되기 쉽습니다. 우리는 이들을 경계해야 합니다.

그렇다면 주님의 친밀한 임재와 가까이하심이란 무엇일까요? 감정일까요? 만약 감정이라면 어떤 종류의 감정일까요? 어루만져 주시는 느낌? 아니면 얼얼하게 하시는 느낌? 그렇게 얼마간 이상한 감각적인 체험일까요? 먼저, 이런 체험은 감정적인 것이 아님을 답한 뒤에 이 답이 무엇을 의미하는지에 대해 더 분명하게 설명하도록 하겠습니다.

주님을 사랑하고 자신의 삶에서 그분의 개입하심을 경험하며 묵상하는 사람이라면 누구나 행복과 감사, 그리고 기쁨의 강렬한 감정을 체험하게 되기 마련입니다. 믿음에 관한 것들을 묵상하다 보면 신자들은 매우 깊은 감정을 느끼게 됩니다.

하지만 우리가 제대로 알아야 할 것이 있습니다. 주님과의 실제적인 연합은 감정으로 인식되지 않는다는 것입니다. 수많은 진지한 그리스도인들이 무언가를 감정적으로 느껴야만 한다고 생각합니다. 그래서 자신들의 헌신이 확신과 기쁨의 강렬한 감정을 자주 이끌어 내야만 한다고 여깁니다. 하지만 이런 체험들은 하나님의 선하심을 제대로 이해할 때 부차적으로 따라오는 하나의 반응일 뿐[5] 그분의 임재를 느끼는

---

5 이 말에서도 저자가 체험 자체를 부정하고 있는 것이 아니라는 점을 분명히 알 수 있다. 체험은 믿음에 의해 동반되는 반응이라는 것이다. 그러므로 믿음이 앞서야 하는 것이지, 감정적인 체험이 본질적으로 앞서서는 안 된다는 것을 강조하고 있다. 믿음은 감정적인 요소를 포함하고 있지만 반드시 그것이 앞서서는 안 된다-역주.

것은 아닙니다.

우리는 하나님의 임재를 손에 잡힐 듯 느낄 수 없습니다. 그 이유는 간단히 말해, 오직 믿음만이 우리의 삶 가운데 하나님의 임재를 느끼게 해주기 때문입니다. 이 장에서는 어떻게 이 사실이 우리에게 축복이 되는지에 대해서 살펴보겠습니다.

어떤 사람은 영적인 생각이 머릿속에서 툭 튀어나올 때 하나님의 임재를 느낀다고 생각합니다. 뇌리에 떠오르는 지식의 환상이나 단어들이 자신을 인도한다고 상상하면서 그것이 주님이 임재하신 증거라고 치부합니다. 이는 잘못된 것이며, 때로 영적 엘리트주의라는 교만의 한 형태로 변질될 수 있습니다. 그것은 주님의 임재의 증거가 전혀 아닙니다. 우리는 주님의 임재를 오직 믿음으로만 알 수 있습니다.

그렇다면 이 말은 신자로서 살아오면서 경험한 영적인 체험들이 착각일 수도 있다는 뜻입니까? 하나님의 임재에 대해 알고 있는 모든 것이 믿음으로 말미암은 것이라면, 결국에는 자신이 틀렸음을 인정해야 한다는 말입니까? 그렇지 않습니다. 이는 하나님이 손에 잡힐 듯한 감정으로 느껴지지는 않을지라도 믿음이 전적으로 그분을 확신시켜 준다는 의미입니다. 또한 주님이 삶에 일으키신 놀라운 일들로 인해 믿음이 더욱 확증된다는 뜻입니다.

우리는 결코 이렇게 말해서는 안 됩니다. "만약 얼얼하도록 강력하게 하나님을 느끼지 못하거나 하나님이 가까이 계신다는 매우 분명하고 초자연적인 감각을 체험할 수 없다면 내가 어떻게 하나님의 임재를 확신할 수 있단 말입니까?" 이런 일들이 반드시 우리에게 필요한 것은 아닙니다. 이런 증거들은 하나님을 믿고 신뢰하며 그분이 계시다는 것을 확고하게 기억하는 사람들의 삶을 통해서 조수의 간만처럼 왔다가 사라지는 것입니다.[6]

오직 믿음으로 그리스도의 가까이하심을 더욱 기뻐하고 확실히 하기 위해서 생각해 볼 문제는 무엇일까요? 이제 이 질문에 답해 보겠습니다.

가까이 계신 하나님

어떤 의미로 주님이 우리 가까이에 계신다는 것일까요?

첫째, 하나님의 '가까이하심'이라는 개념은 그분이 우리를 지켜보고 계신다는 것을 암시합니다. 하나님은 언제나 우리를 지켜보고 계십니다. 이러한 생각에는 엄청난 힘이 담겨 있습니다. 하나님은 우리의 구석구석 깊은 곳까지 지켜보실 정도로 우리 가까이에 계십니다. 그분은 당신의 백성을 사랑하시기 때문에 애정 어린 눈길로 지켜보십니다.

주님이 우리를 항상 지켜보신다는 것을 우리는 믿음으로 알 수 있습니다. 그분의 임재가 느껴지거나 문자적으로 보이는 것이 아닙니다.

---

6 저자는 지금 이런 강력한 체험이 전혀 필요 없거나 존재하지 않는다고 주장하는 것은 아니다. 단지 신자의 주님의 임재에 대한 체험에 있어서 강력한 감정적인 체험이 본질적인 것이며, 가장 우선적인 것이라고 주장하지 않을 뿐이다. 곧 이런 것이 없어도 하나님의 임재는 느껴질 수 있다는 것이다. 오히려 일상적인 하나님의 임재를 더욱 강조하려는 것이 저자의 의도다-역주.

그럼에도 불구하고 우리는 그분이 지금도 우리를 보고 계신다는 것을 압니다. 성경이 그렇게 말하고 있기 때문입니다. 하나님은 우리의 상황을 하나하나 철저하게 알고 계십니다. 우리에게 일어나는 그 어떤 것이라도 하나님은 알고 계십니다. 이 사실을 매일 묵상하는 것은 주님이 함께 계심을 믿음으로 아는 것이며, 우리에게 놀랍도록 큰 위로와 힘이 되어 줍니다.

이러한 깨달음은 거룩을 향한 우리의 열정을 뜨겁게 해줍니다. 주님이 우리를 구석구석 지켜보고 계신다는 사실을 진실로 깨닫게 되면 우리는 죄에 대해서 민감해집니다. 하나님이 모두 지켜보고 계시기 때문입니다. 그리스도인들이 매일 경건생활을 해나가는 데 있어서 가장 큰 제어장치는 바로 이 사실, 곧 주님이 바로 옆에 계시면서 우리의 일거수일투족을 지켜보신다는 사실을 순간마다 의식하고 사는 것입니다. 물론 너그러운 눈빛만이 아니라 엄한 눈초리로 말입니다.

상상에 근거한 영적 음성이나 메시지를 듣는 것은 그리스도인의 성품과 행위가 더 거룩해지는 데 도움이 되지 않습니다. 하지만 믿음으로 그리스도의 임재를 붙잡을 때 신자로서의 행동을 강력하게 제어하고 성품을 빚어 내는 효과를 가져올 수 있습니다.[7]

둘째, '가까이하심'의 개념은 우리가 쉽게 말씀드릴 수 있도록 그리스도께서 우리 가까이에 계신다는 것을 가르쳐 줍니다. 그분의 임재는

---

7 저자는 계시의 말씀에 근거한 거룩한 상상과 심리적 상상을 구분하고 있다. 심리적 상상은 임시적일 뿐 결코 영구적이지 않다. 저자가 '믿음'이라고 한 점은 바로 말씀에 기초한 상상을 함축한다-역주.

어루만져 주시는 것이며, 혹은 감정입니까? 아닙니다. 그것은 우리의 모든 생각을 포함해 우리가 올려 드리는 모든 기도를 하나님이 듣고 계신다는 지식입니다. 가까이 계시기 때문에 금방 우리에게 반응하실 수 있는 것입니다. 우리는 수천만 리 떨어져 있는 어떤 존재에게 기도하는 것이 아니라 바로 우리 옆에 서 계시듯 우리의 상황을 일일이 알고 계시는 분께 기도합니다. 허공을 향해서 부르짖는 것이 아닙니다.

물론 우리는 하나님을 볼 수 없습니다. 그분을 시각화할 수는 없습니다. 하지만 하나님이 우리 가까이에 계신다는 개념은 우리가 그분께 기도하도록 도와줍니다. 이기적이어서는 안 되고, 타인의 유익을 위해 중보 기도 해야 한다는 것을 기억하면서 바른 정신으로 기도하게 도와주십니다. 주님이 바로 옆에 계시므로 우리는 올바르게 기도해야 합니다.

셋째, 주님의 '가까이하심'은 우리의 안전과 보호를 떠올리게 합니다. 그분이 우리를 지켜 주시기 때문입니다. 하나님의 자녀인데 어떻게 계속 범죄를 저지를 수 있겠습니까? 어떻게 절망적으로 영원토록 내침을 당할 수 있겠습니까? 내가 죄를 짓고 그리스도의 이름에 먹칠을 하게 되리라는 것은 부끄럽게도 사실입니다. 하지만 그분은 나와 가까이하셔서 내가 치명적으로 타락하는 것을 허락하지 않으십니다. 아주 엄격하게 나를 훈련시키고 책망하실 테지만, 그럼에도 불구하고 붙잡아 다시금 회복시켜 주십니다.

이런 말을 한다고 해서 죄를 부추긴다고 생각하지는 마십시오. 주님의 징계는 너무나도 고통스러운 것입니다. 하지만 그분이 가까이에 계셔서 모든 범죄와 이탈을 살펴보시며 나를 다시금 당신의 소유로 주장하시고 회복시켜 주신다는 것을 생각하면 얼마나 안심이 되겠습니까!

넷째, 우리는 그리스도의 '가까이하심'을 그분이 당신의 백성을 위해 끊임없이 중보 기도 하신다는 교리를 통해 인식할 수 있습니다(롬 8:34, 히 7:25). 예수님이 당신의 마음에 우리를 품으시고는 순간순간 우리를 위해 하늘 아버지께 간구하신다고 생각해 보십시오. 정말 상상을 초월하는 일이지 않습니까? 예수 그리스도의 중보 사역은 단지 우연적이거나 간헐적인 것입니까? 그렇지 않습니다. 그것은 지속적입니다. 예수님은 당신의 상처를 보여 주시고 영원한 생명으로 붙드시면서 완전한 제물과 대속의 죽음이라는 영구적인 효력을 가지고 당신의 백성을 위해 간구하십니다. 어느 때나 자신이 기도하고 있는 하나님의 자녀들을 잘 알고 계십니다.

다섯째, 그리스도께서는 당신의 백성들을 계속해서 훈련시키십니다. 우리는 이 사실로부터 하나님의 '가까이하심'을 인식할 수 있습니다. 우리는 그리스도 예수 안에서 거룩해진 자들입니다. 예수님은 우리에게 거룩함이 되십니다(고전 1:2, 30). 그분은 성령으로 일하시지만, 그분 스스로 우리에게 밀접하게 개입하십니다. 운동선수를 생각해 보십시오. 움직임 하나하나를 지켜보면서 실수와 잘못을 집어내고 세워 둔 목표를 달성하기 위해 새로운 접근법을 계획하며 지시하는 코치가 없다면 그는 훈련을 제대로 받을 수가 없습니다. 코치는 선수가 운동할 때마다 따라다니면서 분석하고 교정하고, 때로 격려합니다. 이는 당신의 자녀를 훈련시키시는 그리스도의 '가까이하심'을 설명하는 데 도움이 됩니다.

하나님은 우리를 강하게 하시며 신뢰와 기도, 그리고 인내를 이끌어 낼 수 있는 상황을 설계하십니다. 그리고 우리 각자를 바라보시며 "이 친구는 인내나 긍휼, 이해력, 혹은 담대함이 더욱 필요해"라고 말씀하십니다.

하나님은 천상적이요, 개인적인 코치가 되시어 일일이 살피시고, 필요한 은혜를 더하시며, 또한 당신의 영광을 위해 증거하고 봉사하게 하려고 우리를 훈련시키십니다. 운동선수들과 마찬가지로 하나 되어 발전하려는 헌신적인 의지가 없다면, 비록 구원은 받을지 모르지만 이러한 훈련의 혜택은 받지 못할 것입니다.

여기서 우리는 주님의 '가까이하심'과 임재가 일종의 감정이 아님을 다시 한 번 깨달아야 합니다. 그분이 우리를 위해 무슨 일을 행하셨는가 하는 관점에서 어떠한 '가까이하심'이 포함되는지를 인식할 필요가 있습니다.

여섯째, 주님의 지속적인 임재는 우리가 하나님의 성령에 의해 도전받을 때마다 확실해집니다. 양심이 고무되거나 성경 구절이나 선행, 혹은 잊고 있었던 중요한 의무들이 기억날 때 그렇습니다. 이렇게 말한다고 해서 그리스도께서 우리에게 계시의 방식으로 말씀하신다는 뜻은 아닙니다. 하나님의 권위 있는 모든 말씀은 이미 성경에 포함되어 있습니다. 성령의 촉구하심은 이미 계시된 것들을 상기시켜 주시는 것입니다.

흔히 주님은 우리의 마음을 흔드시면서 잊어버린 일들을 새롭게 보게 하십니다. 물론 권위 있는 말씀으로 계시하시는 것이 아니라 성경을 통해서 이미 배운 것들을 기억나게 하십니다. 하나님을 바라보면 그분은 우리의 모든 일들을 기꺼이 도와주십니다. 그분은 우리의 상황에 개입하실 수 있고, 또한 그렇게 하십니다. '가까이하심'의 개념은 이처럼 그분의 선하신 사역에 의해 강화됩니다.

일곱째, 주님의 '가까이하심'이라는 개념은 앞에서 언급한 구절들과 2장에서 제시한 내용처럼 죄인 됨을 확신시키시는 일을 포함합니다. 유혹이 다가올 때 그것에 굴복하게 되면 경종이 울려서 양심의 현이 떨립니다. 그러면 우리는 그렇게 해서는 안 된다는 것을 깨닫게 됩니다. 그리스도의 '가까이하심'은 양심이 살아 있게 하고 반응이 빨라지게 합니다. 물론 우리가 양심의 떨림에 반응하지 않고 고집스럽게 계속하면 하나님은 친절한 경고를 거두시고 우리로 하여금 죄, 고통, 상실, 훈련, 그리고 서글픈 후회에 빠져드는 것을 허락하십니다.

만약 거룩을 추구하도록 도와달라며 기대하는 마음으로 하나님을 바라보면 우리가 나쁜 길로 들어서려고 할 때마다 값진 경고의 자극을 주실 만큼 하나님은 우리 가까이에 계십니다. '가까이하심'이라는 개념은 거룩을 추구하는 일에 있어서 그리스도의 친밀한 개입하심으로 확증됩니다.

여덟째, 주님의 '가까이하심'은 우리가 성경을 읽고 그분의 사역을 묵상할 때 구현됩니다. 그리스도께서는 하나님의 성령으로 우리의 마음(mind)을 어루만져 주시고 빛과 생명을 가져다주십니다. 그분이 우리의 이해력을 증진시키시고, 우리의 마음(heart)이 성경 구절들을 더 잘 이해하게 될 때면 이상하게도 따뜻해집니다. 간혹 주님이 하루 종일 어떤 성경 구절을 떠오르게 하실 때가 있습니다. 그것은 영적인 일들을 더욱 깊이 깨닫게 하시기 위해서입니다. 우리는 매일 성경을 읽고 말씀을 사랑함으로 그리스도께서 우리의 마음을 어루만지시게 해야 하고, 그분의 뜻을 제대로 깨닫기 위해 성경 속으로 들어가야 합니다. 살아 있는 하나님의 말씀으로 인해 우리는 하나님의 '가까이하심'을 알게 됩니다.

아홉째, 주님의 '가까이하심'은 우리가 하는 일에 주님이 개입하시는 사건으로 나타납니다. 우리가 비신자에게 증거할 때 할 수 있는 일이 무엇이겠습니까? 우리는 그의 고집스러운 의지를 돌려놓을 수 없고, 그 마음을 녹일 수 없습니다. 하지만 우리가 증거하면 그리스도께서 가까이 계시기 때문에 속히 그의 마음에 역사하십니다. 그분이 오시기를 기다릴 필요가 없습니다. 왜냐하면 그분은 언제나 가까이 계시기 때문입니다. 가까이 계신 그분은 우리의 말이 효과를 발휘하게 하시고 우리의 증언을 사용하십니다.

다른 신자들을 돕거나 위로하고자 할 때 우리가 하는 말이 축복이 될 것을 어떻게 확신할 수 있을까요? 그리스도께서 가까이하시기 때문입니다. 그분이 우리가 하는 말들을 상대방의 이해력과 마음에 적용하시고 도움이 되게 해주십니다. 그리스도께서 하시는 사역은 그분의 성령에 의해서 우리에게 언제나 가까이 계신다는 것을 강력하게 확신시켜 주시는 것입니다.

일부 신자들이 하나님의 '가까이하심'이라는 말의 의미를 놓쳐 버리고, 그것이 손에 잡을 수 있는 어떤 감각이나 음성을 가리킨다고 해석하는 것은 부끄러운 일입니다. 그들은 그리스도를 믿음으로 소유하는 것으로 만족하지 않고, 확실한 만져 주심을 느끼고 귀에 들리는 음성으로 듣기를 갈망합니다.

40여 년 전에 한 여인이 다가와서 물었습니다. "당신은 주님의 임재하심을 느끼시나요?" 그녀는 공무원으로 일하고 있는, 회심하지 않은 남성과 결혼식을 치른 상태였습니다. 이윽고 그녀는 자신이 하나님 없이 식을 치르면서 하나님의 임재를 가장 강력하게 느꼈노라고 말했습니다.

그리스도인이라는 사람들이 이렇게 말하는 것은 슬픈 일입니다. 그들은 너무 많은 것을 놓치고 있습니다. 주님의 임재는 어떤 순간적인 만져 주심이나 감각이 아니라 그분의 '가까이하심'의 다양한 측면들을 기억함으로 알 수 있는 것입니다. 그렇게 하면 무감동의 사람이든 세상에서 가장 흥분을 잘하는 사람이든 관계없이 주님이 우리 가까이에 계신다는 사실을 인식하면서 매우 강건하게 세워질 수 있습니다.

하나님을 경외하고 그분의 인도하심을 따르라

이제껏 나열한 목록들에 나타난 활동들을 주님이 이루실 줄 어떻게 확신할 수 있을까요? 그 답은 시편에서 찾아볼 수 있습니다.

"여호와의 친밀하심이 그를 경외하는 자들에게 있음이여 그의 언약을 그들에게 보이시리로다"(시 25:14).

하나님의 언약은 조건적입니다. 우리가 결코 하나님의 시각에서 벗어난 적이 없다는 의미에서 볼 때 그분은 언제나 우리 가까이에 계십니다. 하지만 하나님은 언제나 임재하시듯 우리에게 언제나 행동하시는 것은 아닙니다. 우리의 어려움을 언제나 제거해 주시는 것도 아니고, 죄에 떨어지는 것을 언제나 막아 주시는 것도 아닙니다. 우리 삶의 모든 순간순간에 개입하셔서 기도에 응답하시고, 훈련시키시며, 자극을 주시고, 또한 우리를 활용하시는 것도 아닙니다. 이 모든 활동들은 조건적입니다.

그 조건이란 '주를 경외하는 것'입니다. 우리는 주님을 경외하고 그분께 복종해야 합니다. 그분을 존중히 여겨야 합니다. 시편 기자는 또한 "주를 바라는 자들은 수치를 당하지 아니하려니와 까닭 없이 속이는 자들은 수치를 당하리이다"(시 25:3)라고 말합니다. 우리가 만약 하나님의 '가까이하심'이라는 개념에 담긴 축복을 누리기 원한다면 거룩에 대해 진지하게 접근해야만 합니다.

또 다른 조건은 시편 25편 5절에 등장합니다.

"주의 진리로 나를 지도하시고 교훈하소서 주는 내 구원의 하나님이시니 내가 종일 주를 기다리나이다"(시 25:5).

우리는 하나님의 인도하심을 진지하게 받아들여야 합니다. 우리가 좋아하는 것이라면 무엇이든 마음껏 할 수 있는 듯 일생토록 이리저리 가볍게 스쳐 지나가서는 안 됩니다. 우리의 모든 중요한 결정들 가운데 하나님의 인도하심을 구해야 한다는 것을 언제나 기억해야 합니다.

매일 믿음으로 우리 가까이에 계시는 그리스도를 보는 것은 놀랍도록 흥분되는 경험입니다. 아침에 일어나서 직장에 나가면서 우리는 스스로에게 이렇게 말할 수 있습니다. "예수님이 나와 가까이 계셔. 그분이 크신 사랑으로 나를 지켜보고 계셔. 나의 일들에 언제든지 개입할 수 있도록 준비하고 계셔. 내게 일어나는 일들을 하나하나 알고 계셔. 내 기도에 응답하시고, 무척이나 가까이 계셔서 필요한 일이 있다면 즉각 도와주시지. 시험 때에는 나를 훈련시키시고 연단시키셔. 모든 것을 보고 계시는 거야. 그러니 나는 그리스도를 즐거워하고 경외하며 사랑할 거야."

신자들에게 놀랄 만한 영적 경험들이 전혀 없을까요? 있습니다! 하지만 이러한 경험들은 앞에서 언급한 것과 같이 성경을 읽고 기도하고 묵상하면서 그 마음이 그리스도의 선하심과 사랑에 대한 더욱 깊은 이해와 깨달음으로 채워질 때 성령께서 주시는 것입니다. 그때 우리 마음이 행복과 감사와 기쁨으로 충만해집니다.

하나님의 임재하심은 하나의 감정이 아니라 '가까이하심'이라는 개념이 함축하고 있는 바를 보고 가치 있게 여기는 것이며 믿음이요, 확신입니다. 이것은 그리스도인의 삶에 있어서 가장 놀라운 보상을 가져다주는 믿음 중 하나입니다. 하나님의 자녀들을 향한 그리스도의 이러한 사역들을 기억하고 가치를 부여하는 것은 수천 종류의 이상하기만 한 감각적 체험들보다 훨씬 낫습니다. 우리는 경이로운 주님의 역사를 체험하고 볼 수 있도록 매일 기도하고, 그것을 마음과 생각에 기록해야 합니다. 그러면 믿음으로 하나님의 '가까이하심'을 알게 될 것입니다. 오직 믿음으로 말입니다.

Chapter 6

영적 전투
믿음의 선한 싸움을 싸우라

"너는 그리스도 예수의 좋은 병사로
나와 함께 고난을 받으라"(딤후 2:3).

오래전에 우리는 "봉사하기 위해서 구원받았다"(saved to serve)라는 말을 하곤 했습니다. 요즘에는 별로 사용하지 않지만,[8] 이는 성경적이고 올바른 표현입니다. 이 장에서는 모든 세대에 걸쳐서 그리스도께서 당신의 제자들에게 명하여 위임하신 위대하고 놀라운 사역으로의 부르심에 호소하고자 합니다. 잃어버린 영혼들을 불러 모으는 것 말입니다.

처음 이 주제를 대하게 되면 개인의 영적 생활과 무관한 것처럼 여겨질 수 있습니다. 하지만 마음과 생각을 그리스도의 대의에 집중하지

---

[8] 이는 영국 빅토리아 시대의 표현으로서 최근에는 'care for', 혹은 'do for' 등으로 대체되고 있다. 이런 표현의 변화는 시대의 상황과 문화를 통한 영성의 반영이기도 하다. 한국 교회의 경우에는 이전에는 '봉사'라는 말을 사용하다가 20여 년 전부터는 '섬김'이라는 말로 대체되고 있다. 이것 역시 한글 사용을 선호하는 경향과 더불어서 신앙생활의 낭만화가 대두되고 있음을 반영하는 것이라고 추측해 본다-역주.

않는 신자는 영적으로 진보할 수 없습니다. 주님은 이렇게 말씀하셨습니다.

> "너희가 열매를 많이 맺으면 내 아버지께서 영광을 받으실 것이요 너희는 내 제자가 되리라"(요 15:8).
>
> "너희가 나를 택한 것이 아니요 내가 너희를 택하여 세웠나니 이는 너희로 가서 열매를 맺게 하고 또 너희 열매가 항상 있게 하여"(요 15:16).

이 대의를 위해서 구원받은 백성들이 아직 세상에 남겨져 있습니다. 모든 영적 능력과 영적 체험의 목적은 우리로 하여금 이 사역을 위해 무장하게 하려는 것입니다.

영혼 구원을 위한 전투는 모든 그리스도인들의 마음과 생각을 사로잡는 주제가 되어야 합니다. 그렇지 않으면 우리는 냉담하고 자기만족적인 사람이 되어 버릴 것입니다. 이 장에 전제된 질문은 이렇습니다. "우리는 신약성경에서 복음 전도를 표현하는 데 사용된 전투 용어를 적용하면서 살아가고 있습니까?", "자신이 영혼을 위해 부르심을 받아 전투 현장에 투입된 사람이라고 여기며 살고 있습니까?", "선조들, 특별히 초대교회 선조들이나 종교개혁 시대, 혹은 부흥 시대 등 교회가 강력하게 성장했던 시대의 선조들의 삶을 기억하고 있습니까?"

비극적인 것은 오늘날 개혁신앙을 가진 신자들이 영혼 구원을 위한 전투와 아무런 관계도 없이 살아가는 듯한 모습이 종종 보인다는 것입니다. 은혜의 교리를 믿는 교회들에서조차 분명하고 집중적으로 설득적인 복음 전도 메시지가 선포되는 경우가 드물기만 합니다. 교회 구성원들 모두가 참으로 진지하게 이웃에게 복음으로 접근하도록 도전하는 메시지 말입니다.

그 결과, 회중의 숫자가 점차적으로 줄고 있고, 이제 공황상태가 되어 버렸습니다. 수많은 개혁교회들이 구도자 교회들을 향해 모자를 벗어 들고 달려가면서 이렇게 말하는 것 같습니다. "우리에게 교회를 부흥시킬 수 있는 비결을 보여 주세요. 우리에게 당신들의 현대적인 찬양 문화와 예배 찬양들을 보여 주십시오. 그것들을 우리 예배에 도입할 수 있게 도와주세요."

유명한 개혁주의 인물들이 새로운 세계로 이어진 길을 안내하고 있습니다.[9] 수년 동안 그들은 단호한 청교도들로 여겨졌는데, 어느 날 갑자기 은사주의자들처럼 되어 버렸습니다. 당연히 놀랄 만한 일입니다.

이제 잃어버린 영혼을 그리스도께 인도하는 복음 전도를 표현하는 데 전투 용어를 사용한 여러 성경 구절들을 살펴보도록 하겠습니다. 이 구절들에 들어 있는 권면이야말로 수많은 개혁신앙을 가진 신자들이 놓쳐 버린 요소라고 여겨집니다. 영혼 구원을 중심 주제로 삼을 때 신자의 영적 삶에 있어서 가장 중요한 목적이 회복될 것입니다.

---

9 E. S. Williams, 『신칼빈주의자들』(*The New Calvinists*, Wakeman, 2013)을 참고하면 저자의 이런 표현들을 좀 더 구체적으로 이해할 수 있을 것이다-역주.

전투란 전진하는 것이다

전투란 군사적으로 전진하는 것을 의미합니다. 어떤 지역을 차지하기 위해서 힘 있게, 꾸준히 수행하는 것 말입니다. 이런 추진력 있는 결심이 없으면 치명적이자 역사적인 전투에서 패배할 수밖에 없습니다.

1940년 이탈리아가 독일 편에 서서 전쟁에 개입되었을 때를 생각해 봅시다. 무솔리니(Mussolini)는 호언장담하며 나일 침공을 개시하면서 이집트 국경에 중무장한 5개 연대의 막강한 군대를 파견했습니다. 당시에 이탈리아군 지휘관은 그라지아니(Graziani) 장군으로, 그는 엄청난 전투력을 가지고 진군했습니다. 영국 연합군은 그 지역에 초라하게도 겨우 2개 연대뿐이었습니다. 공군도 이탈리아 병력이 연합군에 비해 5 대 1 정도라 수적으로 볼 때 승리가 유력한 상황이었습니다.

영국군 지휘관이었던 리처드 오코너(Richard O'Connor) 장군은 이탈리아군이 80킬로미터쯤 진군하더니 갑자기 멈춰 선 광경을 보면서 혼란에 빠졌습니다. 수색 팀을 파견해서 망원경으로 살펴보았더니 충격적인 모습이 포착되었습니다. 수백 명의 이탈리아 공병대와 노무자들이 부지런히 땅을 파더니 긴 요새를 구축했습니다. 심지어는 물을 공급하기 위한 커다란 관까지 설치했습니다. 한 장교가 무선으로 소식을 전해 왔습니다. "마치 여기에 영구히 정착하려는 것 같습니다." 나일 침공이 멈춰 서고 말았던 것입니다.

오코너 장군은 습격을 준비해서 순식간에 진격해 나갔습니다. 영국군과 이란군은 해가 뜨자마자 초병 몇 명과 아침을 준비하는 취사병들을 제외하고는 모두 진군했습니다. 이탈리아군이 잠든 것을 발견한 뒤 최대한 충격을 주고자 공격을 퍼부었습니다. 전투는 단 이틀 만에 끝났습니다. 영국 연합군의 탱크와 보병들이 너무나도 쉽게 승리했습니다. 무려 2만 명의 이탈리아 군인들이 포로로 생포되었습니다. 그 자리에는 (전쟁사학자들이 즐겨 말하듯) 셀 수 없는 술병들과 스파게티가 산더미처럼 쌓여 있었습니다.

이탈리아군을 멈춰 서게 한 문제가 무엇이었습니까? 문제는 그라지아니 장군에게 있었습니다. 그는 전투를 원하지 않았습니다. 자신의 막강한 군대를 진군시켰지만 주저하다가 참호를 파고 버티려고 했고, 결국에는 전 병력을 잃고 말았습니다.

오늘날 개혁주의 교회들의 모습은 어떻습니까? 우리는 하나님의 말씀과 신앙의 위대한 교리들로 무장한 신자들과 교제를 나누고 있습니다. 풍성한 음식(강단에서 선포되는 좋은 설교들)과 (역사 속에) 놀라운 신앙의 유산들이 있고, 군사들(교회 구성원들)을 보살피고 있습니다. 하지만 너무나도 많은 교회들이 움직이지 않고 있습니다. 승리를 위한 목마름이 어디에 있습니까? 복음 전파를 위한 열심이 어디에 있습니까? 우리는 멈춰 선 군대와 얼마나 비슷한지 모릅니다. 그러면서도 우리는 스스로를 가리켜 '전투적인 교회'라고 합니다.

전투 비유는 성경을 믿는 교회들의 위치가 어떠한지, 그들의 열심이 어느 정도인지에 대해 놀라운 암시를 제공해 줍니다. 따라서 이 주제가 성경에 얼마나 현저하게 드러나 있는지 살펴볼 필요가 있습니다.

만약 그것이 우리에게 표준으로 제시된 것이라면 우리는 개인적으로나 교회적으로 그에 맞추어 변화를 꾀해야 할 것입니다.

신약성경에서 전투 용어를 사용하고 있는 본문은 일반적으로는 복음 사역자들 개개인의 사역에, 특수하게는 복음 전도 사역 전반에 걸쳐 적용시킬 수 있습니다. 만약 이것이 가능하다는 것을 확인한다면 신자인 우리는 영혼 구원을 위해 전투적인 열정을 기울이고자 힘쓸 것입니다. 예를 들어, 고린도전서 9장 7절을 보십시오. 이곳에서 바울은 사역자들을 묘사하면서 전투 용어를 사용했습니다.

"누가 자기 비용으로 군 복무를 하겠느냐"(고전 9:7).

바울이 언급하고 있는 전투는 영혼 구원을 포함합니다. 복음 전도를 나타내는 명백한 비유로 포도나무를 심는 것을 아울러 언급하고 있기 때문입니다. 또한 고린도후서 5장 18-20절과 6장 4-10절에서 바울은 화목하게 하는 직분을 가진 자가 갖추어야 할 여러 가지 열심들을 나열하면서 "의의 무기를 좌우에 가지고"라고 말했습니다. 이 구절은 한 손으로는 방패를 쥐고, 다른 한 손으로는 검을 든 로마 군인의 모습을 연상시킵니다. 이것이 오늘날 복음을 전하는 우리의 모습이 되어야 하지 않겠습니까?

고린도후서 10장 3-5절에서 바울은 매우 눈에 띄는 용어를 사용하고 있습니다.

"우리가 육신으로 행하나 육신에 따라 싸우지 아니하노니 우리의 싸우는 무기는 육신에 속한 것이 아니요 오직 어떤 견고한 진도 무너뜨리는 하나님의 능력이라……모든 생각을 사로잡아 그리스도에게 복종하게 하니"(고후 10:3-5).

이런 용어들은 신자들의 거룩을 위한 전투에 적절하게 적용될 수 있습니다. 하지만 영혼 구원을 위한 전투에는 더욱더 효과적입니다. 사실 바울은 지금 자기더러 사도가 아니라고 주장하는 사람들을 대항해 스스로를 변호하고 있는 중입니다. 변호하기 위해서 자신이 그리스도께 위임받은 전투적인 복음 전도의 위대한 원리들에 대해 언급한 것입니다.

디모데전서 6장 12절에서 바울은 디모데에게 "믿음의 선한 싸움을 싸우라"라고 권면했습니다. 개인적인 경건에 대해서 말하고 있습니까, 아니면 복음 전도에 대해서 말하고 있습니까? 분명 둘 다를 언급하고 있습니다. 디모데는 이 서신에서 두 가지 권면을 받았습니다. 하나는 "건전한 교리를 증진시키라"라는 것이고, 다른 하나는 "복음 전도자로서의 일을 하라"라는 것입니다. 우리는 두 가지 사역 모두를 전투로 간주해야 합니다. 그리고 매우 힘써서 그 일을 수행해야 합니다.

전투적인 행동을 가리키는 용어는 디모데후서 2장 3-4절에서 계속 이어집니다.

"너는 그리스도 예수의 좋은 병사로 나와 함께 고난을 받으라 병사로 복무하는 자는 자기 생활에 얽매이는 자가 하나도 없나니 이는 병사로 모집한 자를 기쁘게 하려 함이라"(딤후 2:3-4).

바울은 지금 성도들 개개인만이 아니라 복음 전도를 염두에 두고 이 말을 하고 있는 것이 확실합니다. 그 이유는 곧이어 10절에서 "내가 택함 받은 자들을 위하여 모든 것을 참음은 그들도 그리스도 예수 안에 있는 구원을 영원한 영광과 함께 받게 하려 함이라"라고 말하고 있기 때문입니다.

요한계시록 6장 2절에 묘사된 그리스도의 모습보다 더욱 전투적인 표현이 또 있을까요?

"이에 내가 보니 흰 말이 있는데 그 탄 자가 활을 가졌고 면류관을 받고 나아가서 이기고 또 이기려고 하더라"(계 6:2).[10]

이것은 분명히 그리스도의 지시와 휘하에서 영혼들을 위한 전투가 치러지는 모습을 보여 줍니다.

---

10 이 구절에 등장하는 인물이 저자가 말하듯이 그리스도냐 아니면 사탄이냐에 대해서는 다양한 논의가 있어 왔다. 저자는 헨드릭슨의 견해를 많이 따르고 있기 때문에 이 부분에 대한 헨드릭슨의 주석을 참고하는 것이 좋겠다-역주.

전투의 목적

에베소서 6장을 보면 전투 용어가 등장하는 가장 긴 본문이 나오는데, "하나님의 전신 갑주를 입으라"(엡 6:11)라는 말씀으로 서두를 엽니다. 갑주의 대부분은 방어적입니다. 즉 유혹과 시험, 그리고 진리에 대한 공격에 대항해서 신자들이 치르는 전투입니다. 하지만 공격적인 검, 곧 하나님의 말씀도 있습니다. 그리고 이어지는 20절에서 바울 사도는 "쇠사슬에 매인 사신"으로서 자신의 입을 담대하게 열어서 복음이 알려지게 해달라고 기도를 부탁합니다.

에베소서 6장은 교회의 네 가지 전투 유형을 보여 줍니다. '진리를 위한 전투'(하나님의 백성들을 교육시켜 믿음을 방어하게 함), '거룩을 위한 전투'("의의 호심경을 붙이고"), '확신을 위한 전투'("악한 자의 모든 불화살을 소멸하고", "믿음의 방패를 가지고"), 그리고 '영혼을 위한 전투'("평안의 복음이 준비한 것으로 신을 신고")가 그것입니다.

이들 중 마지막 전투에 주목할 필요가 있습니다. 위치상 마지막에 있다고 해서 가장 사소한 것이 아닙니다. 이는 주님이 주신 위대한 사명 중에 최우선이기 때문에 오히려 가장 중요한 전투라고 할 수 있습니다. 이 모든 활동들이 전투 용어들로 묘사되어 있습니다.

바람직하게도, 오늘날에는 대부분의 개혁주의 설교자들에 의해서 '진리를 위한 전투'가 진지하게 여겨지고 있습니다. 종교개혁과 성경의 진리에 대한 놀라운 진술을 포함한 17세기 위대한 개혁주의 신조들을 지지하고 있기 때문입니다. 개혁주의 목회자들이 이곳저곳에서 그 교리를 신실하고 열심히 가르치고자 노력하고 있습니다.

'거룩을 위한 전투' 또한 수많은 개혁주의 설교자들에 의해서 호소되고 있습니다. 성령의 능력과 도우심을 힘입어 경건한 삶을 살 것과 죄를 억누르라는 메시지가 수많은 강단에서 강력하게 선포되고 있습니다. 개혁주의 전통은 거룩의 기준과 방법을 제시하는 데 있어서 위대한 전문가들인 청교도의 전통을 따르고 있습니다. 우리는 이것들을 더욱 발전, 적용시키는 일에 관심을 가질 필요가 있습니다.

'확신을 위한 전투'는 1950년대부터 새롭게 주목을 받았는데, 당시는 유명한 마틴 로이드존스(Martyn Lloyd-Jones) 박사와 다른 이들이 신앙생활에서 신자들의 기쁨과 평안을 빼앗아 가는 사탄의 공격이 무엇인지, 그것에 어떻게 대항해야 하는지에 대해서 다시금 관심을 기울일 것을 촉구할 때였습니다.

영적 전투를 치르는 데 있어서 세 가지 유형의 전투에 지속적으로 관심을 쏟고 주의 깊게 실행하는 것은 승리에 결정적인 역할을 합니다. 하지만 '영혼을 위한 전투'는 어떻습니까? 의심할 여지 없이, 우리는 망을 보는 동안 흔들리고 실패하고 말았습니다. 그래서 종종 이러한 전투가 전무한 것처럼 보이곤 합니다.

무작정 유행을 좇는 것을 열심히 반대하는 목회자들과 사역자들이 있다는 것을 잘 알고 있습니다. 그들의 노고는 인정받아 마땅합니다. 하지만 1950년대 이후로 복음 전도는 개혁교회들에게 있어서 가장 약해 빠진 전투 장면입니다. 일반적으로 말해서, 우리는 라일 주교(Bishop

Ryle)의 말에 더 이상 전율하지 않습니다. 그는 멸망해 가는 영혼들을 구원하기 위해서 사탄의 강력한 진을 강력한 용어들로 공격했고, 불신앙의 여우들이 우글거리는 굴을 향해 담대하게 선포했습니다. 하지만 이제는 이처럼 전투적인 용어를 사용하는 것이 부끄럽게 느껴지는 시대가 되었습니다.

감히 또 다른 전투의 비유를 들어 보겠습니다. 미국 남북전쟁에서 일어난 일입니다. 전쟁이 발발할 즈음 남군은 월등히 뛰어난 북군 앞에서 너무나도 초라한 모습이었습니다. 그런데 전쟁이 일찍 끝나지 않은 이유는 무엇일까요? 그것은 조지 맥클라렌(George McClellan) 장군의 이상한 처신 때문이었습니다. 만일 그가 16만 8천이라는 엄청난 군대를 남쪽으로 진격시켜 남군의 수도였던 리치몬드를 정복했다면 전쟁이 일찍 끝나 버렸을지도 모른다고 사람들은 말합니다. 맥클라렌은 그 시대의 영웅이었고, 결단력 있고 권위가 있었으며, 한때 부유한 철도 사업가였습니다. 그는 자신의 초상화를 그릴 때 손을 주머니에 집어넣은 나폴레옹(Napoleon)의 모습을 완벽히 흉내 내서 사람들을 놀라게 하기도 했습니다. 선두 기술에 대한 그의 교범은 장교들에게 필독서였습니다.

1861년과 그다음 해 사이의 겨울 동안 그는 미국 내에서 역사상 가장 막강한 부대를 소유하고 있었습니다. 매 시간 마차에 실려서 도착한 물자들이 차고 넘쳤습니다. 문제는 사람과 물자가 부족한 것이 아니었습니다. 바로 이 유명한 장군에게 있었습니다. 그는 군대를 한 발자국도 움직이려고 들지 않았습니다. 여러 달 동안 혼란스러워서 주저

했던 것입니다. 에이브러햄 링컨(Abraham Lincoln)은 워싱턴 막사에서 격분해서 이렇게 말했다고 합니다. "어떻게 해야 맥클라렌이 전쟁을 시작하게 할 수 있단 말인가!"

3 대 1이라는 막강한 군대를 가지고 있으면서도 맥클라렌은 남군이 훨씬 더 강력하게 무장되어 있다고 확신하면서 자신의 북군을 좀 더 보강해야 할 것을 호소했습니다. 그러다 마침내 앞으로 나아가서 전투를 시작했습니다. 하지만 너무 늦어 버리고 말았습니다. 양편에 너무도 많은 피를 요구했으나 얻은 것은 아무것도 없었습니다. 결과적으로 그 고상한 장군은 지휘권을 포기하고 고동 껍데기 속으로 들어가 움츠려 있었던 것입니다.

마치 개혁교회의 모습과 같지 않습니까? 앞선 전투 예화에서 언급했던 것처럼, 우리에게는 매우 잘 무장되어 능력 있는 여러 설교자들이 있고, 하나님의 말씀을 잘 공급받고 있습니다. 교회가 조직해서 시작하기만 한다면 주일학교 운영에 참여하고, 가정을 심방하는 일을 할 뜻도 가지고 있습니다. 하지만 거의 아무것도 시도되고 있지 않습니다. 만일 하늘의 천사들이 우리를 굽어본다면 이렇게 말할지도 모르겠습니다. "교회들이 전투를 시작하게 하려면 어떻게 해야 하는가? 그들은 영혼을 위한 전투에 대해서는 관심이 없는 것 같은데."

우리는 세 가지 유형의 전투에 대해서는 의무감과 관심을 올바르게 갖고 있습니다. 하지만 왜 영혼을 위한 전투에 대해서는 그렇지 않을까요? 이 점에서 우리는 개혁주의자들, 청교도들, 침례교 황금시대의 설교자들, 빅토리아 시대의 강단, 휘트필드(George Whitefield), 캐리(William Carrey), 스펄전(Charles Spurgeon) 등 개혁신앙의 계열을 잇는 수많은 사람들을 전혀 닮지 않았습니다.

우리에게는 복음이 값없이 주어진다는 교리를 믿는 설교자들이 있습니다. 하지만 그렇게 복음을 선포하지는 않는 것 같습니다. 그들은 이론상으로는 칼빈주의의 주요 흐름을 장악하고 있습니다. 그 방법론에 있어서는 칼빈주의자들을 뛰어넘습니다. 그러나 그들의 복음 전도 활동의 수준은 그들보다 결코 높지 않습니다.[11]

개혁교회에는 어린이들을 위한 주일학교도 없고, 활발한 이웃 심방도, 교회 구성원들의 헌신에 대한 강조도, 규칙적인 복음 전도 설교도 없습니다. 이것은 진정한 역사적 개혁교회가 아닙니다. 이상한 그 무언가일 뿐입니다. 우리는 이 사실을 인식할 필요가 있습니다.

오늘날에는 단지 군대를 유지하는 것이 개혁주의 설교자들과 작가들의 시선을 사로잡고 있을 뿐 모두들 군대의 목적을 잊어버렸습니다. 끝없이 이어지는 개혁신학 모임들과 출판물들은 모두 그리스도인의 영적 전투의 다른 유형에 집중하고 있습니다. 칼빈주의는 영혼 구원에 관한 측면을 상실함으로써 외형이 변질되고 불건전하게 되었습니다.

11　Malcom Watts, *Hyper-Calvinism and The Free Offer of the Gospel-Its necessity and Justification*, Sword & Trowel, 2009를 참고하라-역주.

민첩한 전략

이 장의 앞부분에서 전투는 전진해야 하며, 그 목적을 열렬히 추구해야 한다고 강조했습니다. 또 하나를 강조한다면, 전투를 치르는 데 있어서는 민첩한 전략이 필요하다는 것입니다. 영혼을 위한 전투를 치르기 위해서는 어떻게 이웃에게 접근할 수 있는지를 알아야 하며, 세대를 아우르는 전략이 필요합니다.

불건전한 교회 성장을 조장하는 저자들은 수많은 신선한 계획들을 제시하지만 대부분은 비성경적이고 잘못된 방향으로 인도합니다. 오늘날 유행하고 있는 개념들은 도전적인 설교를 포기하게 만들고, 죄에 대한 어떤 언급도 회피하게 하며, 의사소통의 주요 전달매체로 드라마를 사용하게 하고, 세상적이고 쾌락적인 형식의 음악을 강조합니다. 이미 언급했듯이, 이런 방법들이 혼란 가운데 겉치레로 빠져든 여러 개혁주의 교회들에 의해서 선호되고 있다는 것은 참으로 놀라운 일입니다.

하지만 (이런 현상들에 대해서 우려하고 있는) 개혁주의 노선에 서 있는 우리에게는 아무런 전략도, 전투 계획도 없는 것 같습니다. 사실 어떤 이들은 우리가 은혜의 교리를 믿는다고 하면서 전도 캠페인을 벌이는 것은 그 자체로 혐오스러운 일이라고 생각하는 것 같습니다. 어떤 이들은 영혼을 구원하기 위한 유일한 전략은 신자들로 하여금 거룩한 삶을 더욱 추구하게 하는 것뿐이라고 합니다. 그래서 아주 아름다운 표어가 유행되고 있습니다. 예를 들면, "우리는 거룩한 삶으로 복음이 전해진다고 믿습니다"와 같습니다. 물론 우리는 이 표어가 의미하는 바를 믿습니다. 하지만 이 문구가 사람들에게 주는 인상이 '우리는 아무것도 하지 않는 것을 믿습니다'라는 것이 문제입니다.

물론 하나님의 백성들의 은혜로운 삶은 다른 사람들에게 매력을 줍니다. 하지만 이것은 영혼을 구원하기 위한 전투의 일부분일 뿐입니다. 그런데도 어떤 교회는 주일학교 문을 닫고, 청년들을 위한 주중 활동을 없애 버립니다. 또한 이웃을 심방하는 것을 포기하고, 거룩한 삶으로 복음을 전한다고 변명하며 시온 성에 안일하게 거주하면서 영혼을 구원하기 위해 세상을 향해 나아가지 않습니다.

교회들마다 어느 정도의 구체적인 전도 전략과 계획이 필요합니다. 이것은 전투 비유에 분명히 함축되어 있습니다. 계획이나 목표 없이 전투에 뛰어드는 나라를 상상할 수 있습니까? 심사숙고해야 할 일들이 끝이 없습니다. 만일 주일학교 사역을 하기에 교회가 재정적으로 너무 부족하다면 지역 학교를 빌리면 됩니다. 훌륭한 건물을 가지고 있지만 그것이 아이들에게 적당하지 않다면 다른 건물을 빌려서 주일학교를 운영할 수 있습니다. 이것이 전투적인 사고방식입니다. 요즘에는 이런 것을 거의 볼 수 없습니다.[12] 이전 세대에는 교회와 주일학교

---

12 저자가 담임하고 있는 메트로폴리탄 태버네클에서는 지금 이처럼 교회 밖의 건물을 빌려서 운영하는 주일학교가 여덟 군데이며, 계속 확장되고 있고, 심지어는 해외에까지 확장시키기 위해 전담자를 두고 있다. 2014년도에도 이런 담당자로 있는 크리스 쿠퍼(Chris Cooper) 장로가 이미 북경을 방문했고, 기회가 되면 한국에도 방문할 계획을 가지고 있다고 역자에게 귀띔해 주었다-역주.

의 지부가 수없이 많았습니다.[13] (스펄전 이전 세대였던) 서리교회의 롤랜드 힐(Roland Hill)은 영혼 구원이라는 목적을 위해 자기 교회의 위치와 사회적 이미지를 중요하게 생각하지 않고 주일학교를 13개 지부로 확장시켰습니다.

이것은 영혼을 위해 전투를 치르는 모습입니다. 전투를 치르기 위해서는 연대와 소대와 분대의 모든 구성원들이 전념해서 협력해야 합니다. 이것이 이전에 진정한 칼빈주의 교회들이 일하는 모습이었습니다. 오늘날 우리 교회는 모든 수준의 사회 계층들에 접근해서 그들의 영혼을 구하기 위해 교회 구성원들의 모든 능력들을 최선을 다해 사용하고 있습니까?

희생적인 활동

신약성경에 나타난 전투 비유에서 관찰할 수 있는 또 한 가지는 놀라울 정도의 희생이 포함되어 있다는 것입니다. 전투는 비이성적인 상황에서도 전적으로 헌신할 것을 요구합니다. 한밤중에 명령이 떨어져

---

13 여기서 저자가 강조하는 지부 개념은 요즘 한국에서 유행하고 있는 '지성전' 개념과는 전혀 다르다. 한국의 '지성전' 개념이 문어발식 확장을 의미하는 것이라면, 저자가 말하는 '지부'는 주일학교에 적용되는 것일 뿐만 아니라, 그것도 주일학교가 전혀 없는 곳에 세워지고, 주일학교가 성장해 교회가 세워질 수 있을 정도가 되면 본교회의 운영과는 관계없이 독립적으로 운영되는 교회로 발전할 수 있게 한다 -역주.

도 잠잘 시간이라며 주저해서는 안 됩니다. 전투 비유는 불편함과 난국과 곤경을 예상합니다. 이것이 우리 교회의 정서입니까? 우리 개개인이 행복하게 받아들일 만한 상황입니까?

한 목사님이 주중에 주일학교 학생들을 위해서 피아노를 반주해 줄 사람이 필요하다고 아무리 호소해도 아무도 반응하지 않더라며 제게 하소연을 했습니다. 그 교회에 피아노를 잘 치는 사람들이 있었음에도 불구하고 말입니다. 서로가 미루면서 다른 할 일이 있다고 핑계했고, 지금까지의 일상생활이 흐트러지는 게 꺼려진다고 이유를 대기도 했습니다.

소년 시절 저의 영어 선생님(실제로는 웨일즈인)은 21세 때 1차 세계대전에 참전한 경험이 있었습니다. 그분은 전쟁이 터지자 20여 명의 대학 친구들과 함께 어떻게 자원입대를 하게 되었는지에 대해 말해 주었습니다. 인생의 꽃망울이 막 피어나던 시절, 그들은 조국을 섬기겠다는 부담을 가졌습니다. 죽거나 장애인이 될지 모른다는 것을 알면서도 말입니다.

소년기를 벗이니지 못한 소위 한 명이 권총을 높이 들고 흔들면서 참호 안을 이리저리 오가며 부하들의 선두에 서서 지휘하고 있는 모습이 담긴 유명한 다큐멘터리 영화가 있습니다. 이런 초급 장교들이 적군의 화력에 의해 제일 먼저 죽어 갔습니다. 저의 영어 선생님은 친구들 중에 전쟁에서 돌아온 유일한 생존자였습니다. 그들은 위험을 알고 있었습니다. 하지만 왕과 조국을 위해 자원해서 입대했습니다.

우리는 어떻습니까? 우리는 영원한 왕의 자녀들로서 영적 전투에 부르심을 받았습니다. 그러나 교회마다 너무나도 적은 사람들이 섬기러 나올 뿐입니다. 우리는 전투 비유에 함축된 노고와 상처들에 대한 비전을 모두 잃어버렸습니다. 휴가를 포기하고, 얼어붙은 땅 위나 물이 차고 넘치는 참호 안에서 며칠이고 기어 다니는 불편함을 견뎌 내야 하는 모든 희생들을 싫어하는 것입니다. 이와 비교하면 무척이나 편안한 섬김의 자리이건만, 이제는 많은 개혁주의 신자들에게 생각조차 할 수 없는 현실이 되어 버렸습니다.

저는 자기가 살고 있는 지역에 주일학교가 없어서 새로운 지역의 새 교회로 옮겨야 했던 여러 사람들을 알고 있습니다. 그들이 다녔던 이전 교회들은 물론 좋은 교회들이었습니다. 훌륭한 사역들과 멋진 성도들이 새 신자들을 따뜻하게 맞이해 주곤 했습니다. 그 교회에서 주일학교를 시작하려고 했습니다. 그러자 여러 사람들이 "참으로 훌륭한 일입니다. 당신께 감사합니다. 저희도 이 일에 함께할게요"라고 말했습니다. 당연히 그들은 함께 기도도 해주었습니다. 하지만 (그들에게 직접 들은 바에 의하면) 실제적으로 손가락을 움직여서 도와준 사람은 한 명도 없었습니다.

최근에 25년 전 제가 목회하는 교회에서 다른 지역으로 이사했던 부부를 만났습니다. 그들은 제법 규모가 있고 평판 있는 개혁주의 교회에서 주일학교를 신실하게 운영해 왔습니다. 하지만 요즘 그들은 어려움을 겪고 있습니다. 그것은 그들이 휴가를 얻어서 몇 주일간 비울 때 도와주는 사람이 없어서 주일학교 문을 닫아야 했기 때문입니다.[14] 주님이 헌신하는 마음으로 주일학교를 세워 봉사하려는 열정적인 부부를 보내 주셨는데, 그 교회에서는 그들과 합력해 영혼을 구원하는 전투에 참여하도록 독려하거나 훈련시키지 않은 것입니다. 도대체 교회가 무엇이 잘못된 것일까요? 이처럼 복음 사역에 영적인 무관심을 보이는 것이 진정한 칼빈주의입니까? 당연히 아닙니다!

우리는 사도행전 20장 16절의 정신을 배워야 합니다. 바울 사도는 오순절의 혜택, 곧 수많은 사람들이 몰려들 것을 예상하면서 그 기회를 활용하기 위해 예루살렘을 향해 서둘러 여행을 떠날 채비를 했습니다. 하나님이 우리를 위해 모든 일들을 행하시리라 기대되는 이때에 부흥을 위한 열정은 고사하고 회심을 위한 목마름은 어디에 있습니까?

때때로 교회들은 대적의 세력을 무찌를 수 없다고 여겨서 전투에 뛰어들기보다 움츠러듭니다. 하지만 2차 세계대전 때 일어난 또 하나의 전투에 주목할 필요가 있습니다. 1942년 영국이 싱가포르를 잃어버린 일입니다. 말라야를 방어하기에 너무 버거웠던 영국군 4개 연대는 싱가포르로 퇴각했습니다. 간선도로를 건넌 뒤 그것을 파괴시키면서 말입니다. 하지만 결국 일본군이 전혀 예상치 못했던 방향에서 싱가포르

---

14 여기서 저자가 말하는 주일학교는 지역 교회의 전적인 감독 아래 통제를 받으면서 운영되는 것이라기보다는 성도들이 자기 집이나 어떤 장소를 빌려서 개별적으로 운영하는, 예를 들어 한국 상황에서 현재 어린이전도협회 같은 곳에서 운영하는 어린이 모임 등을 말하는데, 저자의 교회에서는 이런 모임을 운영하기 위한 특별한 교재를 제작해 도움을 주고 있다-역주.

를 침공해 영국군을 당황하게 했습니다. 7일 내에 퍼시발(Percival) 장군이 항복하고 말았습니다. 전투에서 9천 명을 잃었고, 10만 명을 포로로 내주었습니다.

권위 있는 학자들에 의하면, 이 전투야말로 영국군 역사상 가장 큰 오명을 쓴 패배라고 합니다. 게다가 18세부터 60세 사이의 2만 5천 명의 중국인들이 일본군에게 죽임을 당했습니다. 영국군 포로들은 비참한 노예로 전락해 대부분 미얀마(당시 버마)의 철도 건설을 위해 강제노동을 해야 했습니다.

영국군이 왜 항복했을까요? 일본군이 훨씬 더 강할 것이라고 생각했기 때문입니다. 나중에 드러난 정보에 의하면, 당시는 일본군의 물자 공급이 한두 주면 끝장날 판이었습니다. 그럼에도 불구하고 영국군의 눈에는 아주 막강하게 보였던 것입니다. 불쌍한 퍼시발 장군은 비난을 받았습니다. 모든 면에서 그는 훌륭한 신사였습니다. "한 방울의 피를 흘리기까지 싸우라"라는 처칠(Churchill)의 명령을 따르고자 했습니다. 하지만 동료들 앞에서는 너무나도 연약했습니다. 그래서 동료들이 그만 항복하자고 했을 때 굴복해 버리고 만 것입니다. 그들은 적군이 물리칠 수 없을 정도로 강하다고 보았습니다.

이것은 우리가 영혼을 위한 전투를 치르지 않으려는 이유와 똑같지 않습니까? 무신론의 거대한 장벽, 미디어와 쾌락이 판치는 세상을 보고는 그만 고동 껍데기 속으로 들어가 그리스도의 대위임령이 더 이상 실행될 수 없다고 여기는 것은 아닙니까?

이 때문에 오늘날의 믿음의 전투는 진리와 거룩, 확신을 유지하기 위해서는 치러지고 있지만 영혼을 위한 전투는 너무나도 약한 것입니다. 믿음의 선조들의 입장에서 보면, 현대의 개혁주의 신자들은 이상하게도 균형을 잃고 한쪽으로 치우친 모습을 하고 있습니다. 우리는 선조들과 같지 않습니다. 우리는 열정과 긴급성을 잃어버렸습니다. 영혼을 구원하는 것을 최우선으로 여기지 않습니다. 이 사실을 인식하기만 한다면 우리는 다시 한 번 전진할 수 있을 것입니다.

신자로서 우리 개인은 어떻습니까? 우리는 스스로를 봉사하기 위해서 구원받은 자로 여깁니까? 진정한 영성, 참된 영적 삶은 주님의 일에 전적으로 헌신하고 집중하는 것입니다. 그것은 잃어버린 남녀, 그리고 어린이들의 영혼을 구원하기 위해서 싸우는 것입니다. 우리의 주님 되시고 구주 되신 예수 그리스도께서 지상에서 이루고자 하신 최상의 임무는 구원을 이루는 것이었습니다. 이제 우리가 할 일은 복음을 널리 전파하는 것입니다. 이것이 우리의 부르심, 우리의 목적, 우리의 즐거움, 우리의 상급입니다.

Chapter 7
은사
은사를 소중히 여기고 합력하라

"각각 은사를 받은 대로 하나님의 여러 가지 은혜를 맡은 선한 청지기같이 서로 봉사하라"(벧전 4:10).

우리는 모두 하나 되어 그리스도의 종 된 자들입니다. 우리의 은사들은 하나님의 일을 위해, 또한 그분의 교회를 위해 사용되어야 합니다. 이것은 명백한 사실입니다. 우리는 세상일들에 지나치게 빠져들어서는 안 됩니다.

성경은 개개의 신자들이 주님께 특별한 은사들을 부여받았다는 진리를 확증해 줍니다. 먼저, 바울은 "우리 각 사람에게 그리스도의 선물의 분량대로 은혜를 주셨나니"(엡 4:7)라고 말했습니다. 또한 성경은 다른 은사들이 우리에게 나누어졌다고 말합니다(롬 12:6, 고전 12:6). 우리는 은사를 분명하게 인식해야 합니다. 그리고 각자의 삶에 적용해야 합니다. 베드로는 "각각 은사를 받은 대로 하나님의 여러 가지 은혜를 맡은 선한 청지기같이 서로 봉사하라"(벧전 4:10)라고 말했습니다. 바울은 디모데에게 보내는 편지에서 "네 속에 있는 은사 곧……받은 것을 가볍게 여기지 말며"(딤전 4:14)라고 하며 그와 비슷하게 말했습니다.

서글픈 것은, 우리가 은사를 말할 때 자주 표적의 은사, 초대교회에 주어졌던 기적적인 은사, 그리고 설교의 은사만을 생각하는 경향이 있다는 것입니다. 바울과 베드로가 말한 은사는 이런 은사들의 범위를 훨씬 뛰어넘습니다. (회심할 때 하나님이 더하기도 하시고, 감하기도 하시는) 자연적인 능력들과 기회의 은사도 여기에 포함됩니다. 은사의 목록에 바울이 포함시킨 것들에는 다스리는 은사, 보살피는 능력, 구제하는 책임도 있습니다(롬 12:8).

이 장에서는 21개의 은사들을 언급하려고 하는데, 아마 더 많은 은사들이 있을 것입니다. 개인적인 회고에 기초해서 말하자면, 하나님의 모든 자녀들은 수많은 은사 가운데 3분의 1 정도는 가지고 있는 것 같습니다. 어떤 이들은 좀 더 많이 가졌을 수도 있습니다. 하지만 (에베소서 4장 16절과 골로새서 2장 19절에 기록된 대로) 신자들의 상호의존성을 고려하면 하나님의 은사와 능력이 거의 골고루 배분되어 있다고 해야 할 것입니다. 아마 주님은 모든 신자들을 동일한 출발선상에 두심으로 거의 같은 수의 은사들을 갖게 하시고, 그래서 신자 전체의 은사들을 보완해서 서로 간에 의존할 수 있게 하신 것 같습니다. 이러한 사실은 우리를 고무시킬 뿐 아니라 겸손하게 합니다. 우리는 모두 의미 있는 존재이며, 우리에게 주신 은사들을 모두 사용해야 할 의무가 있습니다.

특별한 은사의 목록을 나열하기 전에, 우선 세 가지 간단한 요점을 제시하면 다음과 같습니다. 첫째, 은사들은 개인의 유익을 위해서가 아니라 그리스도의 몸을 세우기 위해서 주어진 것입니다. 바울은 사도, 선지자, 복음 전도자, 목사와 교사들의 은사에 대해 말할 때 "이는 성도를 온전하게 하여 봉사의 일을 하게 하며 그리스도의 몸을 세우려 하심이라"(엡 4:12)라고 말했습니다. 교회가 성숙해져서 "그리스도의 장성한 분량이 충만한 데까지"(엡 4:13) 이르게 하고자 은사가 주어졌다는 것입니다. 또한 은사들은 교회를 보존하기 위해서 주어졌습니다. "이는 우리가 이제부터 어린아이가 되지 아니하여……요동하지 않게 하려 함이라"(엡 4:14). 이것은 신자들에게 주어진 모든 은사들과 능력에 관한 것입니다. 교회의 유익을 위해서 은사들이 주어진 것입니다.

둘째, 신자의 은사들은 복음 전도를 위해서 사용되어야 합니다. 바울 사도는 "그에게서 온몸이 각 마디를 통하여 도움을 받음으로 연결되고 결합되어 각 지체의 분량대로 역사하여 그 몸을 자라게 하며 사랑 안에서 스스로 세우느니라"(엡 4:16)라고 말했습니다. 지체들의 모든 은사들이 사용될 때 교회는 성장합니다.

셋째, 대부분의 은사들은 아주 조금씩일지라도 모든 신자들에게 주어졌습니다. 은사들의 목록을 읽는 독자들로 하여금 '모든 신자들이 이 은사를 사용해야 할 거야'라고 생각하게 하는 은사가 있을지 모르겠습니다. 예를 들면, 증거의 은사입니다. 하지만 의심할 수 없는 것은, 각각 은사의 특정한 몫이 하나님에 의해서, 하나님의 뜻에 따라서 신자들에게 배분되었다는 것입니다. 우리는 이 점을 인식하고 반응해야 할 것입니다.

이제 하나님의 백성들에게 배분된 몇몇 은사들을 살펴보겠습니다.

하나님이 나누어 주신 은사
가르치는 은사

모든 신자들은 어느 정도는 다 가르칠 수 있습니다. 우리는 자녀들을 가르칠 수 있고, 서로 간에 무언가를 설명할 수 있습니다. 하지만 가르치는 은사에 있어서 눈에 띨 만한 능력을 가진 사람들이 있습니다. 그들은 말씀을 주해하고, 사람들에게 웅변적으로 호소하며, 죄인들을 구원에 이르도록 공개적으로 설득할 수 있습니다. 아마도 그들은 성경의 메시지를 다른 사람들보다 더욱 용이하게 볼 수 있을 것입니다.

가르치는 은사는 설교자들에게만 제한된 것이 아닙니다. 많은 사람들이 젊은이들과 어린이들을 가르칠 수 있는 놀라운 은사를 가지고 있습니다. 반면 좋은 설교자임에도 어린이들을 가르치는 데는 별로 유용하지 못한 경우도 많습니다. 20세기의 가장 유명한 설교자 중 한 사람이 사역 초기에 어린이들에게 설교할 기회가 있었다고 합니다. 그런데 설교가 끝난 후 그의 아내가 다시는 어린이들에게 설교하지 말라고 충고했다고 합니다. 그는 아내의 충고를 받아들여서 더 이상 어린이들에게 설교하지 않았습니다. 주님은 성인들을 잘 가르치지 못하는 여러 사람들에게 아이들을 가르칠 수 있는 은사를 주셨습니다.

저는 어린이들의 교사로서, 매우 혼란스러운 상황에서도 아이들의 혼을 쏙 빼놓도록 관심을 집중시키는 여러 사람들을 알고 있습니다. 실제로 그들이 활동하는 장면을 보기 전에는 그들에게 가르치는 은사가 있다는 것을 상상조차 못했습니다. 때로는 우리가 알고 있는 것보다 은사가 더 많은 사람들이 있는데, 그들이 활동하는 모습을 보기 전에는 드러나지 않습니다. 주님은 당신의 모든 백성들에게 "추수할 것은 많되 일꾼이 적으니 그러므로 추수하는 주인에게 청하여 추수할 일꾼들을 보내 주소서 하라"(눅 10:2)라고 명령하셨습니다. 우리가 기도하고 지켜보면 능력 있는 사람들이 우리 가운데 많이 있음을 발견하게 될 것입니다.

목양의 은사

때로 목양의 은사를 가진 사람들의 경우 교회 공동체에서 눈에 잘 띄지는 않습니다. 하지만 실제로 그들은 많은 공헌을 하고 있습니다. 가르치는 은사처럼 목양의 은사는 자주 예기치 않은 효과를 나타냅니다. 매우 수줍어하고 조심성이 있어서 다른 사람들에게 큰 영향력을 미칠 것이라고는 꿈에도 생각지 못했던 사람이 알고 보니 대단히 효과적인 목자임을 발견하게 되는 경우가 있습니다. 그들은 올바르면서 받아들일 수 있는 마음으로 다른 사람들의 일에 어떻게 개입해야 할지, 어떻게 격려해야 할지를 알고 있습니다. 무엇이 필요한지 식별하는 안목이 있고, 결정적으로 도와줄 수 있는 겸손과 부드러움, 온화함을 지니고 있습니다.

물론 모든 사람들이 이런 은혜를 지니고 있는 것은 사실이지만, 어떤 사람들의 경우에는 특별히 더 많이 지니고 있다는 것입니다. 그들은 어떻게 충고하고, 언제 권면하며, 언제 권면하지 말아야 할지를 압니다. 어떻게 위로하고, 격려하며, 권고해야 할지를 압니다. 허세를 부리거나 우월감을 나타내지 않으면서 말입니다. 교회 내에서 발생하는 몇몇 주요 사건들은 실제로는 목양의 은사가 전혀 없는 사람들이 다른 사람들에게 충고하기 때문에 생겨납니다. 그런 사람들은 곧바로 상대방의 반발심과 공격 본능을 유발합니다.

목양의 은사는 교회에 주어진 큰 선물입니다. 어쩌면 지금 이 글을 읽고 있는 독자가 이 은사를 가지고 있을지 모르겠습니다. 하지만 목양의 은사를 가지고 있다고 해서 교만해져서는 안 됩니다. 여러 은사들 중에 가장 뛰어난 은사가 있겠습니까? 우리가 다른 사람들에게 관심이 있다는 것을 깨닫게 된다면, 어떻게 그들에게 접근해야 할지를 알고 있다면 하나님이 우리에게 목양의 은사를 주신 것입니다. 우리는 주님을 섬기기 위해서 그 은사를 사용해야 할 책임이 있습니다.

목양의 은사를 가진 사람이 남의 일에 참견하기를 좋아한다는 뜻은 결코 아닙니다. 다른 사람들을 다스리기 위해서 그들의 삶에 개입하기를 좋아하는 것이 아닙니다. 진정 목양의 은사를 받은 사람은 다른 사람에게 문제점이 있으면 그것을 교회의 목사나 장로에게 언제 이야기해야 할지를 아는 겸손함을 소유하고 있습니다.

목양의 은사는 자신에게 관심을 집중시키지 않고 조심스럽게 실행되어야 합니다. 고린도전서 12장 28절에 언급된 "서로 돕는" 은사를 가리킨다고 할 수 있습니다. 어떤 종류의 도움입니까? 탁월한 민감성과 친절한 마음씨로 교제하는 은사를 지닌 사람이 주는 도움입니다. 그들은 타락한 사람들에게 동정심을 가지고, 고통당하는 사람들을 공감하면서 관대하게 도와주고자 합니다. 도움을 받는 사람들은 그들을 상담자보다는 친구로 여깁니다. 그들에게는 특별한 은혜가 있는 것입니다. 이런 사람들이 없으면 어떤 교제든 빈곤하게 여겨질 것입니다.

분별의 은사

모든 그리스도인들은 어느 정도 분별할 수 있는 은사를 가지고 있습니다. 하지만 어떤 이들은 이 부분에 있어서 매우 민감한 능력을 지니고 있는 것 같습니다. 그들은 위험이 다가오는 것을 민감하게 느끼고, 다른 사람들이 감지하기 훨씬 이전에 문제점들을 볼 수 있습니다. 예를 들어, 교회가 어린이들을 위한 어떤 활동을 조직하고자 할 때 그중 한 사람이 앞으로 일어날 일들을 미리 내다보면서 잠재적인 문제점이나 빠뜨린 사항들을 알아차리고 미리 대처하도록 도와주는 것입니다.

영적인 위험을 감지한 사람이 교리적으로 이탈해 가는 교회를 구제한 사례들이 있습니다. 수년 전에 한 교회가 담임목사를 청빙하려고 했습니다. 한 젊은 목사에게 큰 매력을 느꼈습니다. 이전 목사님과는 전적으로 다른 신학적 분위기가 느껴졌습니다. 외향적인 성격 때문에 근본적인 결함에 대해서는 눈치챌 수가 없었습니다. 단지 한두 명의 성도들에게만 그 위험이 눈에 선명하게 보였을 뿐입니다. 젊은 목사는 성경관이 너무나도 약해 자유주의 신학을 따르고 세상적인 유행을 추구했습니다. 그중에 한 명이 집사로 섬기다가 은퇴했는데, 교회 지도자들에게 이 문제에 대해서 주의를 주고자 했습니다. 하지만 지도자들은 귀를 기울이려고 하지 않았습니다. 공동의회에서 청빙 문제가 논의될 때 그가 염려를 표명하자 사람들은 웅성거리면서 불평과 불만을 표시했습니다. 들으려고 하지도 않았습니다. 그가 느낀 두려움은 전혀 고려의 대상이 되지 않았습니다.

결국 젊은 목사가 청빙되었습니다. 교회는 결국 설교의 깊이를 잃어버렸고, 은사주의운동의 손아귀에 떨어지고 말았습니다. 한 사람이 문제를 사전에 명확하게 보았지만, 그의 분별력은 전혀 가치 있게 여겨지지 않았고, 관심을 받지도 못했습니다.

모든 은사들이 교회에 있어서 중요합니다. 그러나 특히 어떤 문제와 관련된 의미를 내다볼 수 있는 사람은 값집니다(분별의 은사가 있는 사람이라고 해서 매사에 부정적이고 비판적인 언급만을 하는 것은 결코 아닙니다).

조직의 은사

조직의 은사는 단순히 문제 해결의 영역을 넘어섭니다. (자기 문제만이 아니라) 공동체에 제안된 계획을 해결해 내는 사람들이 있습니다. 그들은 어떻게 해야 계획을 가장 잘 성취할 수 있는지를 잘 보여 줍니다. 교회에는 조직의 은사가 특별히 필요합니다. 교회의 일꾼들이 주로 자원자들로 구성되어 있기 때문에[15] 여러 가지 복잡한 문제들이 일어날 수밖에 없기 때문입니다. 예를 들어, 교회가 주일학교를 방대하게 운영하고자 할 때 많은 문제가 생길 수 있습니다. 역사적으로 볼 때 어떤 때는 교회들이 학교만큼이나 큰 주일학교를 운영하기도 했습니다. 제가 섬기고 있는 교회에서 주일학교 사역이 기쁨으로 조화를 이루면서 진행되고 있다는 것에 대해 하나님께 감사드립니다.

물론 조직의 은사를 지닌 사람이 성공하려면 다른 교사들과 일꾼들의 도움이 반드시 필요합니다. 그러므로 그들만 특별하게 뛰어난 사람으로 여겨져서는 안 됩니다. 교만해지면 교회 내에 위계질서가 흐트러져 난항을 겪게 될 수도 있습니다.

책임감의 은사

모든 그리스도인들은 책임을 져야 합니다. 하지만 특별히 자신이 맡은 부서에 출석하는 교인들의 숫자가 줄어들거나 결정적인 사안이 이루어지지 않고 있다는 것을 다른 사람들보다 사전에 감지하는 사람들이 있습니다. 그것이 느껴지는 것입니다. 그들은 전등이 꺼졌는지, 문이 잠겼는지 확인하는 사람들입니다. 자기에게 맡겨진 주일학교 학생

---

[15] 저자의 교회는 회중이 1천 명쯤 되고, 주일학교 학생들이 800여 명 되는 중에 실제로 급여를 받는 이들이 몇몇 전임 사역자들을 제외하고는 거의 없다. 대부분 자원자들이 교회의 다양한 영역에서 봉사하고 있다-역주.

들을 꾸준히 심방하는 데 최선을 다하는 사람들입니다. 그래서 주변 사람들은 그들을 '신뢰할 만한 사람'이라고 생각합니다. 그들은 책임감을 갖고 자기에게 주어진 일을 만족스럽게 달성하기 전에는 마음이 놓이지 않습니다.

책임감은 교회 구석구석에 필요한 은사입니다. 직분을 감당하기 위해 필요한 최고의 자질이라고 할 수 있겠습니다.

증언의 은사

증언의 은사는 주목할 만한 특별한 은사입니다. 다른 이들보다 증언할 기회가 더 많이 주어진 사람들이 있습니다. 예를 들어, 일터나 대학 캠퍼스에서는 많은 사람들을 만날 수 있습니다. 증언하기 위한 더할 나위 없이 좋은 기회가 열려 있는 것입니다. 모든 신자들이 증언을 해야 하지만, 그중에 어떤 사람들은 자신이 처한 상황을 증언할 수 있는 특별한 기회로 여기면서 봉사합니다. 그들은 비상한 능력을 소유하고 있습니다. 그들은 증언 사역을 행할 때 평안함을 누립니다. 다른 사람들과 뒤섞이는 것을 쉽게 받아들이고, 대화를 나누는 것이 능숙합니다. 부끄러워서 주저하지 않고, 공감대를 형성하면서 효과적으로 대화를 주고받습니다.

증언의 은사를 받은 사람들은 교만해서는 안 되고, 오히려 책임감을 느껴야 합니다. 하나님이 이 은사를 주셨다면 마땅히 기도하면서 사용해야 합니다.

감정이입의 은사

어떤 그리스도인들은 특정한 범주에 속한 사람들과 본능적으로 관계를 탁월하게 맺습니다. 앞에서 혼을 쏙 빼놓을 정도로 아이들을 잘 다루는 능력을 가진 주일학교 교사들에 대해 언급했습니다. 그들은 매우 자연스럽게 아이들을 사로잡고, 모든 장애물들을 제거해 버립니다. 아무리 혼란스러운 분위기일지라도 학급을 장악합니다. 또 어떤 이들은 노인들과 특별히 관계를 잘 맺습니다. 청소년들, 특히 부적응 청소년들에게 잘 다가가는 사람들도 있습니다.

감정이입의 은사는 어떻게 행동해야 하는지에 대해서 일종의 본능을 가지고 있는 것 같습니다. 어떤 사람들에게 접근할 때 마치 수년 동안이나 익숙하게 사귀어 온 사람들을 만나는 것처럼 대합니다. 이렇게 쉽게 관계를 맺는 은사를 받은 사람들은 이것을 활용해야 합니다. 이런 은사를 받았는데 오래도록 사용하지 않은 채 방치해 둔다면 주님을 어떻게 만나 뵐 수 있겠습니까?

암기의 은사

이제 우리는 여러 가지 재능들을 포함하는 은사에 대해서 살펴보려고 합니다. 실제적으로 모든 신자들이 정신력과 관련된 은사를 어느 정도 지니고 있습니다. 숫자나 언어, 혹은 글쓰기 등에 관한 능력 말입니다. 우리는 이런 능력들을 하나님의 영광을 위해 사용하기 위한 방법을 찾아봐야 합니다.

여기서는 특별히 암기의 은사를 살펴봅시다. 어떤 사람들은 놀랄 만한 기억력을 소유하고 있습니다. 그들은 이름, 얼굴, 상황에 대해서 매우 상세하게 기억합니다. 그런 은사가 단지 한담이나 잡담을 나누는 데 사용된다면 얼마나 비극적이겠습니까! 사람들은 자주 남의 험담을 하면서 시간을 보냅니다. 그들의 놀라운 기억력이 소비되고 있는 것입니다. 다른 신자들의 필요를 채워 주는 데도 아니고, 그들의 영적 진보를 위해서도 아닙니다.

뛰어난 기억력은 회심한 후 나누는 대화를 통해 가장 많이 제련되는 은사입니다. 재잘거리거나 관련 없는 일들을 위한 것이 아닙니다. 삶을 살다 보면 잡담도 필요합니다. 하지만 기억력이라는 놀라운 은사는 주로 하나님의 일을 위해 사용되어야 합니다.

비전의 은사

또 다른 은사는 상상력, 혹은 비전의 은사입니다(환상을 보는 것이 아닙니다). 이런 은사를 가진 사람들은 어떻게 가르쳐야 하는지, 혹은 듣는 이들에게 인상 깊은 교훈을 남기려면 어떻게 해야 할지에 대해 끊임없이 아이디어들을 만들어 냅니다. 용감한 비전을 소유한 사람들은 가능성을 가장 먼저 봅니다. 만약 젊은이들을 위한 사역을 담당하고 있다면, 그들은 언제나 마음속에 신선한 무언가를 떠올리면서 특별한 메시지, 주제, 혹은 시청각자료들을 만들어 낼 것입니다.

성경의 정통 신앙의 범주 내에서 드러나는 비전의 은사는 무한한 가치를 가진 상상력의 은사입니다. 불행하게도 이런 은사를 가지고 있음에도 불구하고 집 안에서 썩히고 있는 사람들이 있습니다! 그들은 집 안 장식을 다시 하고, 또 고치곤 합니다. 집을 확장하고, 또 새롭게 해보려고 합니다. 하지만 주님의 일에 대해서는 결코 꿈을 꾸지 않습니다. 그런 사람들은 집 안 벽들을 모두 단색으로 칠해 놓고 나머지 상상력은 주님의 일에 사용하는 편이 나을 것입니다.

감정의 은사

감정의 은사를 가진 사람들은 사물에 대해서 남다른 깊은 애정을 가지고 그것을 가치 있게 여깁니다. 그들은 전염성이 강한 열정을 소유하고 있고, 하나님의 일에 열심과 힘을 불어넣습니다. 정서적으로 강한 헌신의 본을 보여 주고, 부드러움으로 주변 사람들을 고무시키면서 동기를 불어넣습니다. 영혼을 살피고 슬픔을 다독이는 일에 있어서 그들은 또한 모범이 됩니다.

모든 사람들이 똑같지 않다는 것은 참으로 기뻐할 일입니다. 모두가 똑같다면 얼마나 놀랄 일이겠습니까! 감정의 은사는 활동적이면서 진지한 교회를 세우는 데 있어서 가장 중요한 은사 중 하나라고 할 수 있습니다.

냉정한 두뇌의 은사

감정의 은사는 또 하나의 은사인 냉정한 두뇌(a cool brain)의 은사로 균형이 잡혀야 합니다. 우리는 흔히 감정적인 사람들에 대해서 말한 뒤 냉정한 두뇌를 소유한 사람을 언급하면서 '냉혈한'이라고 부르곤 합니다. 이것은 정당하지 못합니다. 냉정한 두뇌를 가진 사람도 다른 이들과 마찬가지로 감정을 느낍니다. 단지 자기 안에 가두어 둘 뿐입니다. 그들은 조심스럽게 마음과 생각을 반성합니다. 분석적이면서 구체적으로, 지나치게 상세하게 따져 봅니다. 그들은 공동체 내에서 정리해 주는 역할을 하고, 안정감을 주며, 사람들을 하나 되게 합니다. 공동체가 극단적인 방향으로 나아가려고 할 때 그 열정을 식혀 줍니다. 부정적인 사람이자 '젖은 담요'라서가 아니라 현실 감각이 있기 때문입니다.

감정의 은사를 가진 사람은 열정을 불어넣지만 냉정한 두뇌를 가진 사람은 사태를 분석하고 완전하게 합니다. 이들 능력과 은사의 적절한 혼합이 필요합니다.

일하는 은사

일하는(ability to work) 은사를 받은 사람은 그 안에 엄청난 에너지와 동력을 가지고 있습니다. 이 은사는 열정의 은사와는 다릅니다. 열정적인 사람은 감정적인 헌신을 주도할 수 있지만, 주어진 일을 끝까지 해내는 데 있어서는 부족할 수 있습니다.

어떤 사람들은 놀라울 정도로 훌륭한 일꾼들입니다. 어떤 경우에는 그들의 육체가 어떻게 그 일들을 감당해 내는지 놀라울 정도입니다.

언제나 일하고 있고, 무한대의 힘이 어디선가 공급되고 있는 듯 보입니다. 지치지 않는 에너지를 가진 사람들이 드문드문 있다는 것은 놀라운 축복입니다. 만약 당신이 이처럼 정신적, 육체적 측면에서 일하는 은사를 받았다면 그 은사가 주님의 일에 쓰임 받고 있는지 살펴봐야 합니다. 일하는 은사가 주님과 무관한 일에 소진되고 있습니까, 아니면 그 일을 위해 사용되고 있습니까?

고난을 이겨 내는 은사

어떤 신자들은 고난에 대한 비상한 힘을 가지고 있습니다. 그들은 금욕주의자라기보다는 엄청난 압박감 가운데서도 견딜 수 있는 사람들입니다. 가장 극심한 상황 가운데서도 인내할 수 있는 사람들입니다. 그들은 자신에게나 교회에 어떤 일이 생기더라도 든든히 서 있고, 나머지 신자들에게 어떻게 서 있을 수 있는지를 보여 줍니다. 산산조각 나지 않습니다. 거친 풍랑 속을 지나고 있는 배 안에 설치된 보조 부양기(extra buoyance)와도 같습니다.

그들은 인내, 믿음, 용기와 헌신을 매우 높은 수준에까지 결합시킬 수 있는 은사를 가지고 있습니다. 모든 공동체에는 이런 은사를 지닌 사람들이 필요합니다.

유머의 은사와 명랑함의 은사

신자들 사이에 언제나 고귀한 것으로 여겨지는 것이 유머의 은사입니다. 유머의 은사는 명랑함(cheerfulness)의 은사와 병행됩니다. 이 둘은 서로 다릅니다. 생산적인 의미를 지닌 유머를 하지 않아도 명랑할 수 있지 않습니까? 경건한 유머와 명랑함은 사람들을 세워 주고 힘든 시기를 건강하게 보낼 수 있도록 도와줍니다.

특별한 기도의 은사

어떤 신자들은 특별한 기도의 은사를 지니고 있습니다. 이것에 대해서는 아주 조심스럽게 말씀드립니다. 모든 하나님의 자녀들이 기도의 은사를 갖고 있기 때문입니다. 하지만 성경을 살펴보면 '믿음의 은사'라는 것이 있습니다. 이런 은사를 받은 사람은 기도 응답에 있어서 비상하게 열매가 맺힙니다. 이것은 부르심의 일종입니다. 그러므로 특별한 기도의 은사를 받은 사람은 반드시 자신의 은사를 사용해야 합니다.

청지기의 은사

모든 신자들은 청지기의 은사가 있습니다. 때로 보통 이상의 재산을 소유한 사람들이 있습니다. 하나님은 그들을 인도하셔서 번성하게 하십니다. 그들은 자신의 재산을 하나님의 영광을 위해 크게 사용할 수 있습니다. 그것을 잘 관리할 수 있는 능력이 그들에게는 있습니다. 또한 하나님이 겸손한 마음을 주셔서 그들은 자신들의 부를 영향력이나 명예를 추구하는 데 사용하지 않을 수 있습니다. 사도 바울은 "구제하는 자는 단순함으로[with simplicity]"(롬 12:8, KJV)[16] 하라고 말했습니다. 주목을 받거나 존경, 혹은 호감을 얻고자 하지 말라는 것입니다.

성공을 다루는 은사

청지기의 은사와 비슷한 은사 중에 인생의 성공을 다루는(to handle elevation in life) 특별한 은사가 있습니다. 우리는 성공을 통해서 오는 유혹들을 모두 거절해야 합니다. 어떤 사람은 높이 승진하고 번영하는 중에 찾아오는 교만, 아부, 권위, 자기만족을 거부하는 데 있어서 특히 강합니다. 그들은 하나님이 사회에서 권위와 특권을 가지는 위치에 두시는 사람들입니다. 그들은 위험에 빠질 가능성이 있는 혜택들을 누리면서도 그런 위험에 빠지지 않고, 어떻게 처신해야 할지를 압니다. 허영에 들뜨거나 이기적이 되지 않으면서 처신할 수 있는 능력을 소유하고 있습니다.

결핍을 견딜 수 있는 은사

결핍을 견딜 수 있는(to handle deprivation) 강력한 은사를 소유한 사람들도 있습니다. 바울 사도와 같이 말입니다. 개척 선교사들에게는 이런 은사가 필요합니다.

---

16 한글 개역개정에는 "성실함으로"라고 번역되어 있다. 헬라어 원어로는 'εν απλοτητι'로서, '관대하게'(with generosity)와 '단순하게'(with simplicity)라는 의미를 가진다. 한글 개역개정에서의 "성실함으로"라는 번역은 이기적인 동기가 없는 구제의 행위를 설명하는 것으로 보인다-역주.

음악의 은사

어떤 이들은 음악의 은사가 있습니다. 이 은사에 대해서는 깊이 다루지 않겠습니다. 음악의 은사가 없는 사람들은 훌륭한 목소리와 뛰어난 실력으로 악기를 다루는 사람들을 시기하곤 합니다. 반면 이 은사를 가져서 노래를 썩 잘하는데도 자신의 은사를 활용하지 않는 사람들도 있습니다. 솔리스트나 찬양대원이 되어 노래를 부르는 것을 말하는 것이 아닙니다. 여기서 말하는 것은 하나님의 백성들의 찬양을 힘 있게 하고, 젊은이들로 하여금 찬양하도록 고무시키는 일을 뜻합니다. 우리 모두는 자신에게 주어진 은사와 능력을 사용하는 데 있어서 책임을 져야 합니다.

아름다움을 표현해 내는 은사

아름다움을 표현해 내는(producing beauty) 은사를 가진 사람이란 아름다워 보이는 사람이 아니라 아름다움이 무엇인지 아는 사람을 뜻합니다. 그들은 그림을 그릴 때 어떤 색깔을 골라야 하는지, 어떻게 배열해야 하는지를 본능적으로 압니다. 그들은 자신들의 생활 전반에 이 은사를 적용해 인간 정신에 기여할 뿐만 아니라 그리스도인으로서 섬기는 사역에 헌신할 수 있습니다. 그들은 우리로 하여금 추함과 혐오감의 돌덩어리들로부터 물러서게 해줍니다. 주님을 위한 섬김과, 글을 쓰거나 주일학교 시청각자료를 만드는 일이나, 좋은 결과를 얻기 위해서는 그들의 아름다움을 표현해 내는 은사가 필요합니다.

은사는 조화롭게 사용되어야 한다

많은 은사들과 능력들이 있습니다. 하지만 앞에서 어느 누구도 다른 사람들보다 특출하지 않다는 점을 언급했습니다. 하나님은 우리를 상호 의존하는 공동체로 만드셨습니다. 은사들을 나누어 주시면서 남성과 여성에게 주신 은사들을 조화롭게 하셨습니다. 우리는 자신의 은사들만 중요하게 여기기보다는 다른 사람들의 은사들도 가치 있게 여겨야 합니다. 은사가 선물이라는 사실을 언제나 인식해야 합니다. 자기의 기발함으로 만들어 낸 것이 아니라는 것입니다.

우리는 하나님이 주신 은사들을 어떻게 사용했는지에 대해서 책임을 져야 하기 때문에 은사를 사용해 발전시켜야 합니다. 어떤 은사들을 가지고 있든지 하나님께 쓰임 받게 해달라고 기도합시다. 모든 은사들이 그리스도의 교회의 효율성, 확장, 그리고 위로를 위해서 주어진 것임을 기억합시다.

하나님이 주신 재능으로 무엇을 이루었는지 인생을 돌아보면서 점검해 보십시오. 청소년기를 보내면서 주어진 은사들을 활용하지 못한 것에 대해서 후회가 되지 않습니까?

만약 당신이 아직 청소년기에 있다면, 앞으로 보다 많은 사람들과 쉽게 어울릴 수 있는 기회를 갖게 될 것입니다. 더불어 사람들과 관계를 맺는 일이 더 쉬워질 것입니다. 하나님의 메시지에 대한 반감도 심하지 않을 것입니다. 마음이 고집스러워져서 사람들이 다가오지 않게 되기 이전에 친구들과 교제를 나누게 될 것입니다. 청소년기는 인생에서 무척이나 값진 때입니다. 아마도 어느 날엔가, "그 값진 시간들이 주어졌을 때 나는 어떻게 보냈던가?" 하고 후회하게 될 것입니다. 너무나도 짧게 주어진 인생의 기회들을 빈둥거리면서 소비하지 말기를 바랍니다.

당신이 만약 20대라면, 당신은 강력한 에너지를 가지고 있습니다. 누구보다도 교회의 전반적인 사역에 자신을 온전히 헌신할 수 있는 자유가 있습니다. 배우자나 자녀들 때문에 방해받는 일도 없습니다. 20대에 무엇을 했다고 말할 것입니까?

어쩌면 당신은 가족이 있는 30대일 수도 있을 것입니다. 더욱 풍부한 경험을 했고, 경력을 쌓아 가는 중에 새로운 관계들을 형성했을 것입니다. 교회 생활에 있어서 지도자의 자리에 있는지도 모르겠습니다. 당신보다 나이가 어린 후배들은 당신을 보면서 동경하는 마음을 품고 있습니다. 그들보다 앞서 있기 때문입니다. 그러면서도 그들 곁에 함께 있기도 합니다. 당신은 30대인 지금 무엇을 하고 있습니까? 온 힘을 다해 하나님의 일을 위해 사용되고 있습니까?

당신이 40대라면, 인생의 황금기에 있다고 할 수 있습니다. 당신은 지금 최고로 유용한 잠재력을 소유하고 있습니다. 사람들은 당신을 존경합니다. 당신의 한마디는 중요하게 여겨지고, 당신의 삶의 모습은 본이 되고 있습니다. 경험도 있고, 지식도 있습니다. 정점의 출발점에 서 있습니다. 머지않아 50대가 되면, 경험이 더욱더 풍부해지고, 지식에 열정이 더해질 것입니다. 노년기의 속성과 함께 청년기의 생동감을 동시에 지니고 있습니다. 어느 날, 당신은 당신의 인생을 후회스럽게 되돌아볼 것입니까? 인생의 값진 시기들을 흘려보낸다면 아마도 그렇게 될 것입니다.

당신이 50대라면, 자녀들이 이미 성장했고 더 이상 계속 돌볼 필요가 없을 것입니다. 해방감을 느낄지도 모르겠습니다. 이제 당신은 상당할 정도의 경험이 있고, 나이가 들면서 선심을 쓰는 척하지 않아도 다른 사람들을 상담해 주고 도와줄 수 있습니다. 청지기 역할을 할 만한 재산도 가지고 있을 것입니다. 분명히 힘은 조금씩 약해지겠지만, 또 어떤 경우에는 질병이 찾아오기도 하겠지만 당신은 여전히 많은 일을 해낼 수 있습니다. 세월이 그냥 흘러가게 내버려 두지 마십시오. 후회가 막급해 괴로워하게 될 것입니다.

당신의 능력과 기회들을 가치 있게 여기십시오. 하나님의 모든 백성들로 하여금 섬길 수 있도록 기회를 허락해 주신 하나님께 찬양을 돌리십시오. 어떠한 경우에도 겸손하십시오. 당신이 결정적인 역할을 하고 있는 교회에서 어떤 섬김도 하지 않음으로써 절름발이가 되지 않도록 주의하십시오. 남성이든 여성이든 값진 은사를 활용해 하나님께 영광을 돌리십시오. 우리에게 주어진 은사를 적극적으로 활용하고자 하는 헌신이 없다면 어떻게 우리가 영적 삶에서 주님과 교제하는 축복을 누리기를 기대할 수 있겠습니까?

Chapter 8
은혜
은혜의 선순환에 삶을 맡기라

"우리의 모든 환난 중에서 우리를 위로하사 우리로 하여금 하나님께 받는 위로로써 모든 환난 중에 있는 자들을 능히 위로하게 하시는 이시로다"(고후 1:4).

영적 삶을 살아가는 데 있어서 최상의 모습은 '은혜의 순환'(cycle of grace)입니다. 어려움이 생겨 압박감을 느끼면 기도하고, 하나님께 큰 위로와 축복을 받아 감사하며, 그 복으로 다른 신자들을 돕습니다. 이것이 '압박감-기도-격려-감사'의 과정을 순환하는 은혜의 황금 사슬입니다.

위로의 또 다른 의미

바울은 고린도후서 1장 4절에서 '위로'에 대해서 여러 말을 했습니다. 그러나 '위로'가 정확하게 무슨 의미인지를 먼저 깨달을 필요가 있습니다. '위로'로 번역된 헬라어(παρακαλον)는 아주 넓은 의미를 담고 있어서 단순히 '위로'라고 번역하면 그 뜻하는 바가 협소해집니다. 누가 위로를 필요로 합니까? 아파하는 어린이나 슬픔에 빠진 성인들일 것입니다. 그들을 위로한다는 것은 편안하게 해주는 것을 뜻합니다. 성경에서 발견한 교리적 위로나 우정을 통해서 우리는 그들을 위로해 줄 수 있습니다.

하지만 바울이 말한 '위로'란 주로 '격려'(encouragement)의 의미를 가집니다. 즉 오늘날 우리가 사용하는 용례에 따르면, '위로'가 편안하게 해주는 것이라면 '격려'는 촉진시키고 강화시키는 것을 뜻합니다. '위로'(consolation)라는 단어가 바울의 말에 포함되어 있는 것은 사실이지만, 그가 주로 강조하는 바는 '격려'입니다. 그러므로 우리는 이 구절에서 '위로'라는 단어를 읽을 때마다 '격려'의 뜻을 기억해야 합니다.

디모데를 함께 염두에 두면서 바울은 "우리의 모든 환난 중에서"라고 말했습니다. 환난은 문자적으로 '압박감'(pressures)을 뜻합니다. 그런데 이 구절에서 '위로'로 번역된 단어가 '격려'의 뜻을 우선적으로 가지고 있음을 어떻게 확신할 수 있습니까? 바울은 이어지는 5절에서 이러한 압박감을 가리켜 '우리 가운데 넘치는 그리스도의 고난'이라고 했습니다. 여기서 그가 말하고 있는 바가 무엇인지 알 수 있습니다.

그리스도께 가해진 압박감은 반대와 적의, 그리고 핍박이었습니다. 이러한 압박감은 바울과 그의 동료 사역자들에게도 동일하게 가해졌습니다. 이 구절에 암시된 환난, 어려움과 고난은 주로 그들이 그리스도를 위해 헌신했기 때문에 받은 것이었습니다. 주님은 그들의 기도에 응답하셔서 많은 격려를 해주심으로 그들을 돕고자 하셨습니다. 그들이 겪는 어려움 가운데 개입하셔서 그들을 구원하시고 공급해 주셨습니다. 그래서 바울은 고린도 교인들이 동일한 축복을 경험하기를 원한 것입니다. 그는 그들이 복음을 전하며 어려움을 당할 때 자신과 같은 격려를 받기를 바랐습니다.

물론 하나님이 긍휼과 확신으로 온갖 종류의 어려움에 처한 우리를 위로하신다는 것은 사실입니다. 우리는 다른 신자들이 도움을 간절히 바라며 하나님을 의지할 수 있도록 이 위로의 말을 건넬 수 있습니다. 하지만 이 구절의 일차적인 적용 대상은 곤란과 저항, 심지어는 사도처럼 고통스러운 핍박을 당하고 있는 그리스도인 사역자들임을 기억해야 합니다.

오늘날 이 땅에 존재하는 우리의 반대 세력들이 비폭력적이더라도 하나님은 기도에 응답하셔서 우리를 구원해 주시고, 공급해 주시며, 마침내 은혜의 승리를 주시어 초대교회 당시처럼 보상해 주실 것입니다.

이웃 집 문을 두드리며 방문한 결과 주님을 섬기기 위해서 교회에 나오는 일들이 일어나고, 대중매체에서 담대하게 신앙에 대한 발언을 할 수도 있을 것이며, 오늘날의 무신론에 대항할 수도 있을 것입니다. 하지만 우리에게 대항하는 압박감들 역시 계속 있을 것입니다. 눈앞에서 문이 쾅 닫히기도 하고, 뒤로 밀려나기도 하며, 무시당하고 조롱받을 수도 있습니다.

이런 일들이 있을 것이라고 사도는 우리에게 말하고 있습니다. 그리고 이렇게 덧붙였습니다. "하지만 여러분에게 말해 주고 싶은 것이 있는데, 그것은 곧 주님이 우리를 어떻게 격려하셨는지에 대해서입니다. 그분은 여러분도 동일하게 격려해 주실 것입니다." 즉 그는 이렇게 말한 것입니다. "우리를 격려하시는 하나님이 우리가 받은 그 격려로 인해 여러 어려움에 처한 사람들을 격려할 수 있게 하시려는 것입니다."

놀랍게도 바울 사도는 더 나아가 그 격려가 환난을 이겨 낼 수 있도록 넘칠 만큼 주어질 것이라고 말했습니다. 그의 말에 주목해 보십시오.

"그리스도의 고난이 우리에게 넘친 것같이 우리가 받는 위로[격려]도 그리스도로 말미암아 넘치는도다"(고후 1:5).

예수님을 위해 살아가는 우리를 대항하는 모든 압박감에 대해 우리를 돕는 격려가 주어질 것입니다. 이것은 당신을 증언하는 백성들을 향한 하나님의 놀라운 약속들 중 하나입니다. 그 격려가 무엇입니까? 쉽게 말해, 기도의 응답, 성공적인 복음 전도, 내적 확신, 구원하심, 공급하심입니다. 잃어버린 자가 그리스도께 돌아오고 반역자가 회심할 때 우리가 당한 압박감과 어려움의 균형을 잡고자 원하는 위로와 격려를 받게 되는 것입니다.

바울의 말에 함축되어 있는 격려의 정도를 생각해 보십시오. "넘친 것같이"(περισσευει), "넘치는도다"(περισσευει). '넘치다'라는 표현은 헬라어에서 강한 의미를 지니고 있습니다. 만약 압박을 느끼는 상황이 많고 과중하다면 그것을 이겨 낼 수 있는 격려 또한 그것들을 압도할 만큼 주어질 것입니다.

축복의 황금 사슬

그렇다면 이런 격려들은 무엇입니까? 바울 사도가 (8절부터) 예를 들어 보여 주는데, 이는 앞에서 언급했듯이 어려움 가운데 구원받음, 힘과 확신의 경험, 엄청난 공급, 영적 열매 등으로, 모두 기도를 통해서 응답되는 것들입니다. 바울 사도는 지금 '압박감-기도-격려-감사'라는 축복의 황금 사슬을 가르치고 있습니다. 압박감과 고통을 받아들인 후 기도 중에 주님께로 향합니다. 그러면 격려를 받고 하나님께 감사와 찬양을 돌려 드리게 됩니다. 바울은 이러한 절차를 자신의 개종자들에게 전하면서 그들 역시 다른 신자들에게 전달하도록 부탁하고 있는 것입니다. 이 일은 지금도 진행되고 있습니다.

1959년경에 경험했던 한 가지 예화를 들어 보겠습니다. 당시 저는 20대 청년이었습니다. 군복무 중 런던에 며칠간 휴가차 들렀습니다. 어떤 교회에서 열린 선교 집회에 참석했는데, 그 교회는 두 명의 훌륭한 여선교사들을 후원하고 있었습니다. 그들은 6년 전 네팔 포카라에 '빛나는 병원'(the Shining Hospital)으로 알려진 기독 선교 병원을 세워 봉사하고 있었습니다.

그날 참석한 집회의 강사는 힐다 스틸(Hilda Steele)과 그 병원 설립자인 릴리 오한론(Lily O'Hanlon) 박사였습니다. 오래전 1930년대에 오한론 박사는 의학 수업을 막 마칠 무렵, 선교 봉사를 위해서 훈련받고 있던 힐다와 만나게 되었습니다. 그들은 둘 다 네팔의 이 지역에 선교 병원이 있어야 한다는 것을 강력하게 느끼고 있었습니다. 다른 병원들이 있기는 했지만 기독 선교부나 병원은 전혀 없었습니다. 당시는 정부가 기독교를 박멸하기 위해서 온 힘을 기울이던 시기였습니다. 외교관들이나 몇몇 전문인들을 남겨 놓고 모든 서구인들을 몰아냈던 것입니다. 그들은 16년 동안 네팔에 들어가기 위해서 백방으로 노력했습니다. 인도 북부에서 주님을 위해 사역하면서 언젠가는 국경을 넘어서 네팔로 들어갈 것을 위해서 기도했습니다.

2차 세계대전이 끝나고, 카트만두에 있는 영국 대사가 함께 휴가를 보내자고 초청을 해왔습니다. 입국 허가를 받을 수 있는지 살펴볼 겸 말입니다. 그렇게 기대가 이루어지는가 싶었는데, 그만 무산되고 말았습니다. 그 후로도 여러 번 입국 허가가 거절되곤 했습니다. 하지만 그들은 계속해서 기도했고, 드디어 1952년에 입국이 허락되었습니다.

그들은 포카라까지 걸어서 도착해 오랜 숙원이었던 주님을 위한 사역을 시작했습니다. 어떻게 그곳에 병원 건물을 세울 수 있었는지, 특히 병원 지붕을 올리는 일에 있어서 주님이 어떻게 그 재료들을 공급해 주셨는지에 대한 이야기는 그들의 영광스런 선교 사역의 일부가 되었습니다. 전쟁 시에 다른 사람들의 손에 들어가지 않도록 영국군이 철판들을 숨겨 둔 곳을 느닷없이 주민들이 알려 준 것이었습니다. 얼마큼 파고 들어가자 정말 아연 도금을 한 주름 잡힌 철판들이 발견되었습니다. 그것으로 지붕을 덮자 반짝이는 모양이 되었습니다. 그래서 그 유명한 이름, 곧 '빛나는 병원'이란 이름을 갖게 된 것입니다.

하나님이 섭리하신 셀 수 없이 많은 증언들 중에 또 하나가 교회 연대기에 기록되어 있습니다. (모든 기회들이 막히고 전혀 불가능해 보이는) 압박감들이 어떻게 기도로 이어졌는지, 그리고 그것이 어떻게 하나님의 때에 놀라운 격려와 감사의 또 다른 기회가 되었는지를 기록하고 있습니다.

앞의 이야기는 용맹한 의료 선교사로부터 1959년경에 들었습니다. 그리고 그로부터 3-4년 뒤 아내와 제가 런던 북쪽에 있는 보어햄우드에 교회를 개척하고자 할 때 큰 영향을 미쳤습니다. 당시 우리는 개척할 장소가 필요했습니다. 우리도 그들과 비슷한 문제를 가지고 있었던 것입니다. 런던 지역 구청이 모든 땅을 소유하고 있었습니다. 허트포드셔 지역의 모든 땅을 구입해서 보어햄우드를 인구 과잉인 런던시를 확장하는 연결 도시로 건설하려고 했던 것입니다. 구청은 그 지역에 교회를 지을 지대를 전혀 염두에 두지 않았습니다. 문이 꽝 닫히고 말았습니다.

우리로서는 현실을 인정할 수밖에 없었습니다. "흠, 이제 끝장이군. 공무원들이 안 된다고 하잖아"라고 말할 정도였습니다. 하지만 우리는 다시, 또다시 시도했습니다. 우리로 하여금 계속 그렇게 하도록 격려한 원동력이 무엇이었을까요? 그렇게도 단단히 닫힌 문을 계속해서 두드리면서 열리도록 기도하게 한 원인이 무엇이었을까요? 그 답은 바로 우리 머릿속에 가득 찬 '빛나는 병원'에 대한 이야기였습니다.

우리는 사도 바울 이후 지금까지 계속되어 온, 그리스도인들이 엄청난 압박감 가운데 놀랍게 경험했던 수많은 격려의 이야기들을 되새겼습니다. 주님을 증명해 주는 놀라운 황금 사슬(압박감-기도-격려-감사)에 진한 감동을 받았습니다. 그래서 한길을 갈 수 있었습니다.

우리는 본성적으로 꾸준한 사람들이 아니었습니다. 비현실적인 기대감을 가지면서 사는 사람들도 아니었습니다. 당시 막강했던 런던 지역 구청에 대항할 수 있다고 생각하는, 자기 확신에 꽉 사로잡힌 사람들도 아니었습니다. 하지만 우리는 전능하신 주님을 신뢰할 수밖에 없게 한 모든 사실들로 훈련을 받은 터였습니다. 놀라운 섭리의 과정을 거치며 사건들이 진행되면서 상황이 드라마틱하게 바뀌었고, 결국 아주 넓은 공간을 차지한 건물을 확보할 수 있었습니다.

다시금 바울 사도의 말을 보십시오. 하나님은 "우리의 모든 환난[압박감] 중에서 우리를 위로[격려]하사 우리로 하여금 하나님께 받는 위로[격려]로써 모든 환난 중에 있는 자들을 능히 위로[격려]하게 하시는 이"(고후 1:4)이신 것입니다. '위로'라는 말을 어떤 슬픈 사건에만 적용시키지 않고 주님을 섬기는 일을 하다가 다가오는 격려에 직접 적용시켜 보는 순간, 우리는 바울이 지금 이 원리를 사역자들에게 가르치고 있다는 사실을 이해할 수 있습니다. '압박감-기도-격려-감사'라는 황금 사슬의 원리 말입니다.

은혜의 선순환을 이루라

압박감에서 시작되는 황금 사슬의 원리를 생각하면 규모 있는 교회에 출석하고 있는 젊은 그리스도인들이 간혹 염려가 됩니다. 주님이 그들을 구원하시되, 여러 비용들이 아주 쉽게 해결되고 모든 것이 헌신적인 손길에 의해서 잘 운영되는 큰 교회에서 구원하셨다면 그들은 '압박감-기도-격려-감사'의 황금 사슬을 경험하며 주님을 증명하는 훈련을 받을 기회를 놓치기가 쉽습니다. 그들은 사도들의 경험을 통해 고무되고 자극을 받을 필요가 있습니다. 그리스도인의 축복의 연대기에 기록된 응답받은 기도에 관한 수없이 많은 이야기들을 통해서도 말입니다.

이 원리가 한번 마음에 새겨지면 이 일이 자주 반복되어 경험된다는 것을 발견하게 될 것입니다. 전도를 하지만 아무런 효력이 없는 것 같습니다. 접촉해 보려 하고, 방문해 보지만 아무런 일도 일어나지 않습니다. 토요일에 유동 인구가 많은 지역에서 전도를 해보지만 아무런 열매도 없는 것 같습니다. 사람들의 집 문을 두드려 보지만 무시만 당합니다. 그러면 깨닫게 됩니다. 우리의 개인적인 매력, 유창함이나 설득력은 아무런 효과가 없다는 것을 말입니다. 학교에서나 직장에서 모든 사람들이 우리를 반대하는 것같이 느껴집니다. 참으로 소외된 것처럼 여겨지고, 거부되고, 그래서 압박감 아래 놓이게 됩니다.

하지만 그때부터 바울이 모든 어려움들 가운데 기도와 신뢰로 어떻게 이방 세계를 뒤집어 놓았는지를 기억하게 될 것입니다. 선교 역사에 기록된 수많은 종류의 '빛나는 병원'들을 기억하게 될 것입니다. 그래서 전심으로 주님께 간구하게 됩니다. 그리고 결국 때가 되면 축복과 공급, 그리고 승리가 찾아옵니다. 이것이 '압박감-기도-격려-감사'의 순환이 계속 이루어지는 모습입니다. 우리 모두 그것을 배우고, 증명하고, 붙잡기를 바랍니다. 이것이 믿음생활이며, 주님은 이러한 과정을 통해 우리 마음에 믿음을 세워 가십니다.

책을 많이 읽기를 권합니다. 특별히 종교개혁자들과 개척 선교사들에 관한 책들을 많이 읽고, 그들의 믿음에 고무되십시오. "나는 아무것도 할 수 없으니 아무것도 하지 않을 거야"라고 말해서는 안 됩니다. 전적으로 기적적인 방법으로 주님이 사람들을 하나님 나라로 인도하실 것을 기대하십시오. 우리는 주님을 위해 마땅히 봉사해야 합니다. 하지만 그 일은 전적인 무능력과 텅 빈 감정으로 실행되어야 합니다. 상황이 우리를 대항해서 진행되는 것이 당연하다고 예상해야 합니다.

하지만 마침내 격려가 시작되면 우리 마음이 주님 앞에서 기뻐하게 될 것입니다. 바울의 표현에 의하면, 우리는 이러한 보배를 연약한 질그릇 같은 육체 속에 지니고 있습니다. 단순하고 무용한 질그릇에 말입니다. 그래서 그 능력이 분명히 주님의 것이지 우리의 것이 아님을 드러내게 됩니다.

바울 사도는 고린도후서를 기록하기 직전에 디모데와 함께 거의 죽을 지경에 이를 정도로 괴롭힘을 당했습니다. 참혹한 환난으로 인해 기도했고, 그 기도에서부터 장엄한 구원 역사가 일어나서 감사하기에 이르렀습니다. 그런 체험을 한 바울은 고린도교회 교인들에게 함께 그리스도의 일을 감당하다가 압박감을 느끼게 되거든 앞으로 구원에 이를 것을 위해 기도하자고 권합니다. 바울의 말에는 믿음의 순환이 선명하게 드러나 있습니다.

"너희도 우리를 위하여 간구함으로 도우라 이는 우리가 많은 사람의 기도로 얻은 [구원을 받게 되는] 은사로 말미암아 많은 사람이 우리를 위하여 감사 [기도]하게 하려 함이라"(고후 1:11).

사탄이 우리로 하여금 편안함 가운데 뒹굴도록 허락해서는 결코 안 됩니다. 회중이 많고 재정 상태가 양호하다고 해서 교회에서 진행되는 사역들에 전혀 관심이 없어서는 안 된다는 말입니다. 우리는 복음을 선포하는 교회에 다가오는 모든 압박감을 함께 나누어 져야 합니다. 다른 사람들과 함께 공동체의 무능력과 필요를 공감하면서, 함께 주님께 부르짖으면서, 그분의 놀라운 공급을 경험하면서 찬양과 감사를 하나님께만 마땅히 돌려 드려야 합니다. 이 과정이 예수 그리스도의 종들의 삶에서 반복되는 경이로움과 모험의 선순환입니다. 은혜의 황금 사슬이야말로 지속적으로 움직이는 영적 삶의 모습입니다.

본문의 '중보 기도'는 의미상 성경에서 '도고'로 표기되나
독자들의 이해를 돕고자 일반화된 용어인 '중보 기도'를 사용하였습니다.

Chapter 9

중보 기도[17]
중보 기도의 놀라운 능력을 체험하라

*"그러므로 내가 첫째로 권하노니 모든 사람을 위하여
간구와 기도와 도고와 감사를 하되"(딤전 2:1).*

제사장은 사람들 앞에 하나님을 대표하면서, 동시에 하나님 앞에 사람들을 대표하는 자입니다. 그리스도인들은 교회 시대에 있어서 제사장들입니다. 사실 성경에서 우리는 "제사장 나라"(출 19:6)라고 묘사되어 있습니다. 즉 우리가 증언할 때 그것은 우리가 하나님으로부터 사람에게 말하는 것입니다. 제사장의 첫 번째 기능이 바로 이것입니다. 그리고 누군가를 위해 기도할 때 제사장의 두 번째 기능을 수행하게 됩니

---

17 어떤 이들은 '중보'는 우리의 유일한 중보자 되시는 예수 그리스도께서만 하실 수 있는 것이라면서 '중보'라는 말 대신 '도고'라는 말을 사용한다. 하지만 '도고'라는 말 자체가 반드시 하나님과 사람들 사이에서 신자들이 기도하게 되는 그 기능을 의미하는 단어라고 말할 수는 없다. 이 책에서 '중보'라고 번역한 것은 예수 그리스도의 중보 사역을 대신할 수 있다는 의미를 결코 담지 않고 있다.-역주.

다. 우리는 중보 기도 사역을 잘 감당하고 있습니까?

디모데전서 2장 1절의 권면은 '모든 사람'에 대해서 말하고 있는데, 분명히 이것은 회심하지 않은 사람들을 포함합니다. 바울이 이어지는 4절에서 하나님이 잃어버린 영혼들이 구원받기를 원하신다고 말하고 있기 때문입니다. 그는 에베소서 6장 18절에서는 모든 기도와 간구를 '모든 성도들'(공동번역)을 위해서 해야 한다고 권면했습니다. 이는 모든 신자들에게 매우 놀라운 특권이 있음을 보여 줍니다. 중보 기도 하라고 명하신 하나님은 의심할 바 없이 그 기도에 감동하셔서 그분의 비밀한 뜻 가운데 응답하기를 준비하고 계시는 분이시기 때문입니다.

지금 이 책을 읽고 있는 많은 독자들도 회심하기 이전에 누군가에 의해 드려진 중보 기도의 대상자였을 가능성이 높습니다. 누가 우리를 위해서 기도했습니까? 알 수도 있고 모를 수도 있습니다만, 누군가가 우리를 위해서 탄원했음은 분명합니다. 그러니 이제는 우리가 다른 사람들을 위해 기도해야 하지 않겠습니까?

중보 기도 사역이 필요한 이유

왜 중보 기도 사역이 우리에게 주어진 것일까요? 그 이유는 간단합니다. 첫째, 중보 기도 사역은 기도하는 우리의 마음을 넓혀 주어서 다른 사람들, 특별히 그들의 영혼을 돌보게 해주기 때문입니다. 진지한 중보 기도는 신자의 성품을 남다르게 만들어 줍니다. 우리의 기도 시간을 채우는 내용에 우리의 영혼과 가치가 담겨 있습니다.

둘째, 중보 기도 사역은 신자의 삶에 가장 우선적인 하나님 나라의 건설이라는 주님의 사역을 견고하게 세웁니다.

셋째, 중보 기도 사역은 우리의 형상과 습관이 그리스도께 더 가까이 다가가게 합니다. 우리의 대제사장이신 예수님은 영원한 중보 기도자이시기 때문입니다. 그분이 우리를 위해서 기도하시기 때문에 우리가 다른 사람들을 위해서 기도할 수 있는 것입니다.

넷째, (첫째 요점을 확장하는 차원에서) 중보 기도 사역은 신자들을 외부 지향적이면서 비이기적으로 만드는 데 도움을 줍니다. 이런 성품은 기도로 일깨워지고, 일생을 살면서 더 깊어집니다.

다섯째, 중보 기도 사역은 다른 것과 차별되는 사역입니다. 즉 모든 종류의 형편에서, 모든 종류의 신자를 위한 사역입니다. 건강을 위한 것이기도 하면서, 개혁을 위한 것이기도 합니다. 때로 하나님은 수천 명의 회중을 향해 선포된 설교보다 죽음을 앞둔 병상에서 올려 드린 중보 기도를 더 사용하십니다.

여섯째, 이것은 중보 기도 사역이 우리에게 주어진 가장 중요한 이유입니다. 중보 기도 사역은 모든 찬양과 영광이 오직 하나님께만 돌려져야 할 것을 우리 마음속에 단단히 확립시켜 줍니다. 우리가 기도함으로 죄인이 구원받고, 우리가 기도함으로 신자들이 복을 받습니다. 반면에 중보 기도를 하지 않으면 우리가 전도를 한다고 하지만 열매가 별로 없습니다. 지속적으로 중보 기도 하는 사람은 모든 영광이 주님의 것임을 경험적으로 확신하게 됩니다.

중보 기도 사역은 다음의 범위를 넘어서지만, 우리의 관심과 소원을 대표하는 몇몇 목록들을 중심으로 나열해 보면 다음과 같습니다.

- 잃어버린 영혼들이 돌아오도록
- 주의 백성들이 보존되고 보호받도록(야고보는 "서로 기도하라"고 말했습니다.)
- 그리스도인들의 성장과 평안을 위해
- 그리스도인들이 온전하게 쓰임 받도록
- 병든 자들의 치료를 위해
- 젊은이들을 세속적인 삶에서 지켜 주시도록
- 복음 사역자들을 축복해 주시도록

아브라함의 중보 기도

성경에 나오는 첫 번째 중보 기도의 중요한 본보기는 아브라함이 조카 롯과 그의 가족들을 위해 탄원하는 기도입니다(창 18장). 아브라함이 하나님과 흥정하는 이 구절들은 매우 잘 알려져 있으므로 전체 사건을 살펴보지 않고 단지 몇 가지만 언급하도록 하겠습니다.

하나님이 소돔을 살펴보러 간다고 하셨을 때 아브라함은 소돔이 큰 죄악으로 인해 금방 멸망당할 것을 알았습니다. 그래서 당장 여호와 앞에 서서 자신의 확고한 의지를 보여 드렸습니다(창 18:22). 아브라함의 중보 기도는 단순한 의무감에서 가볍게 나온 것이 아니었습니다. 그의 생각과 마음은 전적으로 기도에 몰입되었습니다. 아브라함은 자신의 탄원이 하나님을 설득시킬 수 있을 것이라고 분명히 믿었습니다. 우리도 그렇게 해야 합니다.

아브라함은 하나님의 의로우심에 호소하면서 50명의 의인을 찾는다면 소돔을 멸망시키지 말아 달라고 구했습니다. 그럼에도 불구하고 그는 "세상을 심판하시는 이"(25절) 되시는 하나님이 옳은 일을 행하실 것을 확신했고, 하나님의 주권과 완전한 뜻에 동의했습니다. 우리도 하나님을 설득하기 위해서 탄원할 수 있습니다. 하지만 그렇다고 해서 그분께 강요해서는 안 됩니다. 아브라함이 사용하고 있는 말들을 주목해 보십시오. "나는 티끌이나 재와 같사오나 감히 주께 아뢰나이다"(27절)라는 그의 말은 특히 의미심장합니다. 그리고 조금 뒤에는 "내 주여 노하지 마시옵고 말씀하게 하옵소서"(30절)라고 말합니다. 위대한 족장 아브라함은 오직 겸손한 중보 기도만이 하나님께 용납된다는 것을 잘 알고 있었습니다. 우리도 이러한 자세를 배워 응답받는 중보 기도를 드려야 합니다.

아브라함은 스스로를 겸손하게 낮출 수 있는 방법을 동원했습니다. 자신을 티끌과 재라고 인식했던 것입니다. 우리도 우리의 마음을 겸손하게 낮추어야 합니다. 무익함과 어리석은 행위들, 해야 마땅한 의무를 저버린 것, 하지 말아야 할 범죄를 저지른 것, 주님의 인내심을 오래도록 시험한 것, 그리고 부적절한 측면들을 하나님 앞에서 묵상하면서 교만함이나 공로를 자랑하는 마음이 아니라 진실로 하나님을 인정하면서 그분께 굴복해야 합니다.

여기서 아브라함의 탄원이 응답되기는 했으나 그가 기대했던 대로 되지는 않았다는 점을 언급해야겠습니다. 소돔 성은 멸망되었고, 롯은 구원받았습니다. 아브라함이 제안했던 것보다 더욱 현명한 해결이었습니다. 구체적인 면에서는 응답되었다고 할 수 없지만, 기도했던 바 핵심은 응답되었습니다. 오늘날 우리의 기도도 그렇습니다. 주님은 흔히 우리가 기도하면서 예상하는 것보다 훨씬 더 좋은 방식으로 응답하십니다.

모세의 중보 기도

모세 또한 놀라운 중보 기도자였습니다. 백성들이 심지어는 자신에 대해서 악의를 품었을 때조차 그는 계속해서 그들을 위해 기도했습니다. 하나님이 그들을 멸망시키겠노라고 제안하셨을 때(출 32:9 이하) 모세는 간절히 부르짖으면서 애굽 사람들의 눈에 하나님의 선하신 이름과 영광이 보존되기를 구했고, 하나님이 족장들에게 하신 약속에 호소했습니다. 모세의 기도를 기록하고 있는 구절들은 응답받는 기도의 본보기로 언급되어야 합니다(출 32:11-13). 주님이 그 기도를 들으셨고, 이스라엘이 보존되었기 때문입니다. 중보 기도는 언제나 강렬합니다. 중보 기도는 기도 대상자들이 더 악화되는 상황 가운데서도 지속되어야만 합니다. 용서받을 영혼들 속에 하나님의 명예와 영광이 나타날 것을 갈망해야 하는 것입니다.

출애굽기 32장에서 모세는 하나님의 백성들에 대해서 너무나도 염려한 나머지 그들이 구원받기 위해서 필요하다면 하나님의 책에서 자신의 이름이 지워져도 좋다고 간구했습니다. 놀랍게도, 이 기도는 금송아지를 만든 이스라엘 백성들의 사악함 이후에 드려진 것입니다. 이 기도에서 모세는 그리스도를 예표하는 역할을 합니다. 그리스도께서는 당신의 생명을 그 백성들을 위해 바치셨습니다. 모세의 경우에는 그 기도가 하나님께 받아들여지지 않았습니다.

모세의 기도 뒤에는 강렬한 마음이 있었습니다. 이스라엘 백성들이 그에게 무척이나 혐오스러운 일을 저질렀음에도 불구하고 그가 얼마나 의식적으로 자신의 제사장 직무와 중보 기도자로서의 책무를 다했는지를 알 수 있습니다. 주님이 우리에게 맡기신 영혼들을 위해 우리도 모세와 같은 수준의 책임감을 가지고 기도할 수만 있다면 얼마나 좋을까요?

사무엘의 흔들리지 않는 중보 기도

어떤 면에서 볼 때 가장 눈에 띄는 중보 기도자는 사무엘입니다. 그는 기도로 태어났고, 그 이름 뜻도 '하나님이 들으신 바 되셨다'입니다. 사무엘상 12장에서 그는 이스라엘 백성들에게 그 유명한 말을 던졌습니다.

> "나는 너희를 위하여 기도하기를 쉬는 죄를 여호와 앞에 결단코 범하지 아니하고"(삼상 12:23).

중보 기도를 쉬는 것은 죄입니다! 다른 사람들에게 마음을 닫고 무관심한 범죄 행위입니다. 우리는 이런 식으로 죄를 짓고 있지는 않습니까? 사무엘은 모세와 같이, 아니 더욱 화가 나는 상황에서도 기도했을 것입니다. 그는 기도하기를 결코 쉬지 않겠다는 강한 결심을 표명했습니다. 중보 기도는 그의 부르심이요, 직무였습니다.

오늘날 우리도 바로 이처럼 부르심을 받았습니다. 사무엘은 기도하기를 쉬지 않겠다고 말함으로써 중보 기도가 그의 규칙적인 습관임을 보여 주었습니다. 우리도 가족을 위해, 직장 동료들을 위해, 교인들을 위해, 그리고 복음 사역자들을 위해 매일 중보 기도를 드려야 합니다. 만약 기도 대상자들의 목록이 너무 길면 요일별로 나누어서 기도해야 합니다. 단순히 이름만 나열하면서 스쳐 지나가듯 기도하면 형식적이 되기 쉬우므로 어느 정도 자세하게 기도하는 것이 좋습니다.

이스라엘 백성들은 사무엘이 자신들을 위해 기도하고 있다는 것을 잘 알았기 때문에 두려움과 죄를 깨달았을 때 그에게 기도해 주기를 강권했습니다(삼상 12:19). 구원받은 사람이든 구원받지 않은 사람이든 우리가 그들을 위해 기도하고 있다는 사실을 아는 것은 결코 부끄러운 일이 아닙니다. 궁극적으로 하나님께 영광이 돌아갈 것입니다. 어려움을 겪고 있는 죄악의 백성들에게 "내가 너희를 위하여 여호와께 기도하리라"(삼상 7:5)라고 말한 사람은 사무엘이었습니다. 그 결과는 "사무엘이 여호와께 부르짖으매 여호와께서 응답하셨더라"(9절)라는 말씀에 담겨 있습니다. '부르짖었다'라는 단어에 엄청난 진지함과 갈망이 담겨 있다는 사실을 놓쳐서는 안 됩니다.

사무엘은 성경에서 중보 기도자로 유명합니다. 시편 99편은 "그의 제사장들 중에는 모세와 아론이 있고 그의 이름을 부르는 자들 중에는 사무엘이 있도다 그들이 여호와께 간구하매 응답하셨도다"라고 노래합니다. 또한 하나님은 예레미야의 입을 빌려 유대인들을 거부하시면서 이렇게 말씀하셨습니다. "모세와 사무엘이 내 앞에 섰다 할지라도 내 마음은 이 백성을 향할 수 없나니"(렘 15:1). 시편 말씀은 모세와 사무엘의 중보 기도가 얼마나 효력이 있었는지를 잘 보여 줍니다. 하지만 일반적인 경우에는 그들의 간청과 호소가 성공했을지 모르지만, 하나님의 인내심이 한계에 도달하게 되면 모세와 사무엘의 중보 기도조차도 효력이 없을 것이라고 예레미야서는 말해 줍니다.

중보 기도자들을 위한 조언

구약성경에 기록된 믿음의 선조들의 중보 기도 사례를 통해 우리는 몇 가지 조언을 얻을 수 있습니다.

중보 기도를 할 때는 단순히 이름만 스쳐 지나가듯 언급하지 말고 구체적으로 기도해야 합니다. 모호한 중보 기도는 진정한 중보 기도가 아닙니다. 모든 사람의 이름을 불러 가면서 구체적인 복을 요청해야 합니다.

기도 대상자들의 아픔을 공감해야 합니다. 예를 들어, 그들이 영원히 잃어버린 바 되면 당하게 될 공포나 질병으로 인해 당하게 될 고통을 묵상하면서 그 아픔을 함께 느낄 수 있어야 합니다.

진실로 주님을 설득시키고 싶은 마음으로 그들의 사정을 주님께 아뢰어야 합니다. 기도할 때 우리의 진지함이 얼마나 쉽게 식어 버리는지요! 그 진지함을 유지하기 위해서 엄청나게 힘써야 할 것입니다.

기도하되 끈질기게, 지속적으로 해야 합니다. 주님이 높은 곳에서 응답하실 때까지 (혹은 기도 대상자가 자신이 사망에 이르는 죄를 범했다는 사실을 분명히 깨달을 때까지) 결코 맥이 빠져서는 안 됩니다.

성도들을 위해 기도할 때 그들을 존중해야 합니다. 우리의 중보 기도가 어떤 불쌍하고 열등한 사람들을 대하듯 우월감이나 우쭐대는 마음으로 드려져서는 안 됩니다. 타락한 마음은 무척이나 미묘하게 속이기 때문에 우리의 기도가 결코 동정심이나 우월감으로 오염되어서는 안 됩니다.

특별히 주일학교 학급이나 자신이 책임지고 있는 이들을 위해서 기도해야 합니다. 기도하는 교사는 반드시 심방하는 교사가 될 것입니다. 자신이 돌보고 있는 아이들을 찾아가 만나고 싶어질 것입니다.

복음 사역자들을 위해 기도하는 시간을 가져야 합니다. 목회자만이 아니라 다른 사역자들을 위해서도 기도해야 합니다.

교회의 일꾼들이 겪을 수 있는 어려움과 그들에게 주어진 특별한 기회의 문들을 기억하고 특별 안건으로 주님 앞에 내어놓아야 합니다. 그리고 그 사역들로 인한 축복의 결과들에 대해 감사하는 것을 잊어서는 안 됩니다.

때로는 기도 시간에 죄를 회개하기에 앞서 중보 기도를 드리는 것이 도움이 됩니다. 기도 속으로 더 깊이 들어가게 하고, 또한 자신의 문제에 집착하지 않고 다른 사람을 생각하게 하기 때문입니다. 하지만 가능하면 통회하는 회개의 심정이 중보 기도에 앞서는 것이 좋습니다. 응답받는 기도는 깨끗해진 성도, 곧 의인의 기도이기 때문입니다.

열정과 열망으로 기도해야 한다는 것은 두말할 필요가 없습니다. 우리가 별로 관심을 갖지도 않는 일에 대해서 기도하는데 하나님이 들어주실 리 만무합니다. 아울러 우리는 주님의 뜻을 헤아리는 마음, 경외심과 겸손으로 기도할 필요가 있습니다.

만약 모든 성도들이 중보 기도 사역에 매달린다면 그 결과는 놀라울 것이 분명합니다. 1858년 미국에서 일어난 부흥 운동이 중보 기도가 널리 퍼지면서 시작되었다는 것은 매우 잘 알려진 사실입니다. 중보 기도로 우리가 하나님의 도구가 되고, 더욱 격려를 받으며, 위대한 축복이 쏟아지고, 하나님이 영광을 받으실 것입니다.

하나님의 제사장으로서의 영적 삶은 중보 기도라는 제사장적 직임을 수행하지 않으면 진보할 수 없습니다. 중보 기도가 드물고 약하다면 당장 이 결정적이고 특권을 주는 의무를 수행하십시오. 기도 목록을 만드십시오. 마음을 준비하고 주님 앞에 서십시오. 단 10분일지라도 많은 사람들을 위해 중보 기도 할 수 있습니다. 그렇게라도 매일 중보 기도 하십시오. 어떻게 기도하든, 얼마나 오래 기도하든 구체적으로 기도하고, 진실로 갈망하며, 열정적으로 기도하십시오. 이것이 그리스도인의 제사장적 중보 기도 사역의 핵심입니다.

* 기도 생활에 관해 좀 더 도움을 받고 싶다면 『주님의 기도 방식』(*The Lord's Pattern for Prayer*, Wakeman Trust, 2003)을 참고하십시오.[18]

---

[18] 본 역자에 의해 이 책도 번역되어 근간 예정입니다-역주.

Chapter 10

신실
온 삶을 드려 주를 기쁘시게 하라

"그런즉 서서 진리로 너희 허리띠를 띠고"(엡 6:14).

    그리스도인의 덕성 가운데 가장 위대하고 우선적인 것을 꼽으라면 신약성경에 언급된 '사랑'이라고 할 수 있습니다(고전 13장). 하지만 여러 가지 덕성들이 그리스도인의 갑주로서 제시될 경우에 그 모든 덕성들의 기초가 되는 것으로 가장 먼저 꼽아야 할 것은 '신실함'입니다. 신실함은 다른 덕성들이 의존하는 본질적인 덕성인 것입니다. 우리는 신실함을 소유하고 있습니까? 또 그것을 어떻게 유지할 수 있을까요?

    바울은 사탄의 간계와 전략들에 대항하기 위해서 하나님의 전신 갑주를 입으라고 말합니다. '전신 갑주'란 온몸을 보호해 주는, 전투에서 사용하는 갑옷과 무기들을 말합니다. 단순히 방어를 위한 보호 장구만이 아니라 방어적이면서 공격적인 무기들을 포함합니다.

우리에게 갑주가 필요한 이유는 사탄이 가공할 만한 힘과 기민함을 가지고 죄에 빠지도록 유혹하고, 구원의 확신을 손상시키면서 우리를 무너뜨리려는 전략을 구사하고 있기 때문입니다. 게다가 그 어둠의 귀신들은 우리가 영혼을 위한 우리의 사명을 이루고자 하는 일에서 벗어나도록 끊임없이 애쓰며, 할 수 있는 대로 모든 증언들을 무력화시키려고 합니다.

그들은 우리 바로 앞에 세상적으로 매혹적인 것들을 매달아 놓고는 그렇게 합니다. 우리가 우선적으로 관심을 가질 만한 것들을 흔들어 대면서 하나님의 일이 더 이상 주된 관심이 되지 못하게 방해합니다. 그들은 성도들과 교회를 영적인 냉담함과 휴면 상태로 이끌기를 원합니다. 또한 '귀신론'으로 공격해서 건전한 교회들에 잘못된 생각과 방법들을 소개합니다. 그러니 하나님의 전신 갑주가 얼마나 필요하겠습니까!

바울은 우리가 하나님의 전신 갑주를 취해야 '악한 날'에 든든히 서 있을 수 있다고 말합니다. '악한 날'이란 어떤 날을 뜻하는 것일까요? 어떤 면에서는 모든 날이 악한 날이기도 합니다. 사탄은 결코 잠을 자지 않기 때문입니다. 하지만 사탄과 그 졸개들이 특별하게 날뛰는 날이나 시기가 있습니다. 때로는 공격을 잠시 멈추어 거짓된 안전감을 주었다가 갑작스럽게 한꺼번에 유혹들로 몰아붙이기도 합니다.

하지만 우리가 하나님의 전신 갑주를 잘 적용하기만 하면 괜찮습니다. "그런즉 서서"(엡 6:14)라는 바울의 말은 완전한 결심을 의미합니다.

그래서 개인과 교회로서 우리는 "그들에게 결코 어떤 부분도 내어놓지 않겠다!"라는 결심을 해야 하는 것입니다. 죄 가운데로 끌어내리려 하거나 그리스도의 대위임령에서 벗어나게 하려는 모든 시도에 대해서 우리는 견고히 서 있어야 합니다. 모든 이단들의 공격과 잘못된 방법들, 그리고 불경스런 예배들에 대해 단단히 결심하고 물리쳐야 합니다.

전신 갑주에 나타난 신실함

하지만 어떻게 그런 결심을 내릴 수 있을까요? 그 답은 바로 첫 번째 전신 갑주에서 찾아볼 수 있습니다. 바울은 "그런즉 서서"라고 말한 뒤 "진리로 너희 허리띠를 띠고"라고 말했습니다. 진리의 허리띠가 의미하는 바를 충분히 인지하기 위해서는 로마 군병의 갑주에 대해서 간단하게나마 살펴볼 필요가 있습니다.

먼저, 칼은 크기가 꽤 큰 나이프 정도의 작은 검입니다. 일반적으로 두 개의 창이 주어지고, 자신을 방어하기 위해서 방패를 듭니다. 겉옷에는 넓은 허리띠가 붙어 있는데, 너비가 15-20센티미터 정도로, 오늘날 역도 벨트보다 조금 넓은 가죽으로 되어 있습니다. 두께는 0.6센티미터 정도 됩니다. 가죽 허리띠에는 쇠로 된 가느다란 조각들이 수직으로 빙 두르고 있어서 허리띠를 유연하게 하면서도 한편으로는 허리 부분을 적의 공격으로부터 보호해 줍니다. 허리띠 아래쪽에는 가죽 띠가 돌아가면서 늘어져 있어서 무릎 윗부분을 덮어 보호합니다. 무릎 아래 부분은 오늘날의 정강이보호대보다 약간 넓은, 쇠로 만든 정강이 받이를 가죽으로 단단히 동여맸습니다. 그리고 투구와 흉배가 있습니다.

이 모든 갑주의 기본이 되는 것은 허리띠입니다. 허리띠 자체가 몸을 보호해 줄 뿐만 아니라 마치 샌드위치처럼 몸통의 앞뒤를 덮는 흉배가 허리띠에 매어지기 때문입니다. 걸쇠에 거는 창들과 함께 검과 칼도 허리띠에 꽂았습니다. 방패조차도 다른 것들처럼 흉배와 허리띠에 동시에 매어 둔 것으로 여겨집니다. 그러므로 허리띠는 다른 무기들을 보유하기 위한 견고한 기초였습니다. 게다가 허리띠는 군병들이 전투에 임할 수 있도록 바짝 졸라매 긴장시키는 역할도 했습니다.

이 모두를 마음에 둔 후 바울 사도는 신자의 영적 전투에 결정적인 무기들을 나열하기에 앞서 "진리로 너희 허리띠를 띠고"라고 말했습니다.

우리는 자연스럽게 여기서 '진리'가 의미하는 바가 무엇인지 궁금해집니다. "영적 갑주의 모든 무기들을 나열하기 전에 진리를 취하거나 신앙의 근본적인 교리들을 취하라"라는 뜻일까요? 이런 해석도 분명히 의미가 있을 것입니다. 하지만 교리적 진리에 대해서는 잠시 후 17절에서 "성령의 검 곧 하나님의 말씀"이라고 언급하고 있기 때문에 별로 설득력이 없습니다. 그렇다면 아마도 '진리'란 가장 우선적으로 우리가 정직해야 한다는 뜻일 수도 있을 것입니다. 하지만 그럴 가능성도 희박합니다. (기본적인 도덕적 덕성인) 정직함은 바로 뒤에 나오는 '의의 호심경'에 포함된 것이 분명하기 때문입니다.

그렇다면 진리로 허리띠를 띠라는 것은 무엇을 의미하는 것일까요? 가장 적절한 해석은 진지함[19]과 순전함이라는 차원에서 진리로 충만함(truthfulness)을 의미한다고 보는 것입니다. 바울은 허리띠를 띠되, 곧 진리로 충만한 신실함의 허리띠를 매라고 한 것입니다. 그것이 영적 전투의 승리에 결정적인 역할을 할 신자의 다른 덕성들을 견고하게 하나로 묶어 줄 것이라면서 말입니다.

신실함은 값으로 따질 수 없는 가치로서, 회심할 때 성령께서 주시는 선물입니다. 이것은 로마 군병의 갑주 비유에 함축되어 있습니다. 군병이 제조하거나 구입하는 것이 아니라 제공받는 것입니다. 그는 단순히 무기고에서 이런 무기들을 받을 뿐입니다. 신실함도 마찬가지로 제공받는 것입니다. 그것은 은사입니다. 우리는 스스로 신실함을 만들어 낼 수 없습니다. 하나님의 능력으로 우리에게 주어져야 하는 것입니다. 마음은 만물 가운데 가장 기만적이기 때문에 순전함, 거짓 없음, 신실함의 허리띠는 하나님에게서만 와야 합니다.

참으로 신실한 사람으로 거듭나지 않은 사람은 참으로 회심했다고 할 수 없습니다. 슬프게도, 거듭난 순간의 신실함은 약화될 수 있습니다. 하지만 하나님은 구체적인 삶 속에 적용시켜 가면서 신실함을 회복시키시고, 새롭게 하시며, 강화시키십니다. 회심 이전에는 교만하고,

---

[19] 저자가 여기서 말하는 '진지함'(sincerity)은 객관적인 진리에 기초한 진실함을 의미한다. 그렇기 때문에 '정직함'(honesty)과 구분하고 있는 것이다-역주.

가르침을 싫어하고, 사악하고, 간교하며, 자기중심적이었던 사람들이 있습니다. 하나님의 거듭나게 하시는 역사의 위대한 표지들 중에 하나는 참된 신실함이 되살아나는 것입니다. 이러한 신실함은 모든 일들의 기초로서 계속 작용해야 할 것입니다.

신실함의 허리띠는 강력한 방어 무기입니다. 신실함은 사탄이 우리를 타락시키는 것을 가장 효과적으로 막아 줍니다. 신실한 신자는 자신의 행위를 의식함으로 이중적인 생활과 위선, 그리고 주님의 역사하심을 방해하는 그 어떤 행위든 그만두게 됩니다.

신실함의 허리띠는 공격 무기로도 여겨질 수 있습니다. 왜냐하면 군병의 검과 창을 붙들어 매기 때문입니다. 구원받지 못한 사람들이라 할지라도 대부분 매우 신실한 사람들을 존경하고 그들의 말에 귀를 기울입니다. 따라서 신실함은 복음 증거에 있어서 생산적입니다. 마음이 아주 완고한 사람이라 할지라도 신실함은 귀중히 여깁니다. 군병의 허리띠처럼 신실함은 신자들의 마음을 졸라매 힘을 내 전투를 치를 수 있게 합니다. 주님을 위해서 최선을 다하게 하며, 영적으로 무언가 시도하기 위해 기도하면서 준비하게 합니다. 만사에 허풍을 떨면서 가볍게 대하는 것은 불신실함입니다.

신약성경에 나타난 신실함

신약성경을 보면 신실함을 뜻하는 단어들이 여럿 등장합니다. 먼저,

태양 아래에서 연단되어서 순수하고 순전한 것으로 발견되는 것을 의미합니다. 또 다른 의미로는 거짓과 위선에서 벗어나 합법적이거나 합법적으로 태어난 것을 뜻합니다. 다른 헬라어 단어는 신실함을 부패와 썩음에서 벗어난 것으로 해석하고 있습니다. 또 다른 단어에서 신실한 사람은 전적으로 순전하고 일관성이 있다고 묘사되어 있습니다.

사탄은 신실함을 혐오합니다. 애당초 거짓말쟁이이기 때문입니다. 신실함은 사탄을 쫓아낼 뿐 아니라 그가 신실한 우리에게 다가오는 것을 싫어하게 만듭니다.

신실하지 못한 사람에 대해서 야고보는 "두 마음을 품어 모든 일에 정함이 없는 자로다"(약 1:8)라고 말했습니다. 불신실함은 마음속에 다른 생각을 품은 채 부분적으로는 신자로서의 목적을 따르고자 하면서, 세속적인 생각과 즐거움과 야망들이 마음속에서 소동을 벌이며 주의를 끌게 합니다.

신실한 사람에게는 단지 한 가지 목적만 있을 뿐입니다. 그것은 오직 주님을 기쁘시게 하며 섬기는 것입니다. 신실함은 사탄에게 견고하게 대항하게 하며 뒤로 물러서지 않게 합니다. 다른 덕들의 기초가 되는 허리띠로서의 신실함은 우리의 열정을 순수하게 만듭니다. 신실함이 없는 열정에는 주님께 무언가를 하고 있다는 것을 보여 주려는 동기가 뒤섞여 있습니다. 하지만 신실함은 우리의 동기를 순결하게 만들어서 우리 영혼이 구원에 이르며 그리스도께서만 영광을 받으시는 것을 보기 원하게 합니다.

신실함은 죄에 대해서 혐오하게 하며, 주님께 복종하는 일에 이끌리게 합니다. 신실함은 언제나 의식적입니다. 따라서 신실한 사람은 주님께 한 약속이나 교회나 사회에 한 약속들을 꼭 지키며 자신의 의무와 책임을 준수합니다.

신실한 사람은 교만을 자신에게 걸맞지 않은 것으로 여깁니다. 자신이 성취한 것을 내세우거나 신실하지 못하게 과장하지 않습니다. 신실한 사람은 성깔이 있거나 병든 성격이 될 수 없습니다. 이런 기분 상태에서는 사물들을 과장되게 보거나 잘못 인식할 수 있기 때문입니다. 신실함은 그렇게 할 수 없습니다. 그러므로 신실함은 참된 보호책이요, 성화의 갑주에 있어서 가장 기초가 되는 것입니다.

신실함의 허리띠가 없으면 의의 호심경이 적절하게 붙어 있지를 않습니다. 바울 사도는 신자의 전신 갑주에 관한 구절을 마치면서 기도할 것을 강력하게 호소합니다. 하지만 신실함이 없으면 기도도 없습니다. 기도가 없으면 다른 무기들도 무용지물이 되고 맙니다.

덜 신실해지려면

회심 전의 불신실함이 어떻게 신자의 삶에 스며들 수 있을까요? 여러 상황이 가능합니다만, 가장 먼저는 앞에서 언급했듯이, 두 마음을 품기 때문입니다. 우리가 교회나 영혼이 축복받기를 원하고, 또한 그리스도를 더욱 알아 가고 싶어 할 수도 있지만 이런 경건한 열망을 이기적이고 세속적인 목표와 함께 추구하게 된다면, 이는 두 가지 목표를 가지는 셈입니다. 그래서 신실함이 사라지는 것입니다. 바울 사도가 제시한 전투 비유를 확장시키면 한 발은 주님 편에, 동시에 다른 한 발은 세상 편에 서 있는 것과 비슷합니다. 이런 사람이 도대체 어떤 유형의 군병이 되겠습니까? 세상에서 일어나고 있는 경건하지 못한 일들에 애정을 가지면서 도대체 어떤 수준의 경건을 유지할 수 있겠습니까?

부정직함은 신실함을 포기하게 만듭니다. 예를 들어, 만약 다른 신자들이 우리 삶의 어떤 부분을 알기를 원하지 않아서 그것을 감추고, 비밀스럽게 하고, 그래서 엉큼한 삶을 살아가고 있다면 어떻게 신실한 삶을 산다고 할 수 있겠습니까? 거짓말은 신실함을 확실하게 박살내고 맙니다.

신실함을 저해하는 또 다른 분명한 방법은 우리가 위험의 감도나 원수의 능력과 힘을 대수롭지 않게 생각하는 것입니다. 신실함은 현실에 기초합니다. 그것은 진지함을 동반하며, 과장되고 천박한 확신과 함께할 수 없습니다. 신실함은 우리가 영적 전투에서 진실로 견고하게 서 있기를 바랍니다. 마음의 연약함과 사탄의 엄청난 속임수를 계속 지켜보고 싶어 하지 않는 사람에게는 신실함이 있을 수 없습니다.

신실함은 신자인 우리가 영혼을 위한 전투와 거룩을 위한 전투에서 승리하기를 더 이상 원하지 않는다면 분명히 사라지고 말 것입니다. 예를 들어, 우리가 전도하기를 특별히 싫어한다면, 그래서 그리스도의 대위임령을 생략하고 싶어 한다면 우리는 우리의 신실함을 억누르게 될 것입니다. 우리 자신을 그리스도께 전적으로 한번 내맡겼다가 다시금 원하는 대로 살겠다고 하는 것이기 때문입니다. 어쩌면 우리는 그리스도께 처음 다짐했던 서원을 여러 번 반복하면서 자신을 새롭게 헌신하고 순종하려고 할 수 있을 것입니다. 그러나 더 이상 이런 서약들을 온전히 지키려고 하지는 않을 것입니다. 이런 삶에서 신실함은 어디에 있는 것입니까?

이와 비슷하게 우리가 더 이상 의에 굶주리지도, 목마르지도 않게 된다면 우리는 우리가 서약한 것들을 포기하는 것이며, 주님을 속이고 우리의 진실성을 잃게 됩니다.

주님의 눈이 당신의 백성들을 언제나 지켜보신다는 생각을 잃어버리면 신실함은 사라집니다. 우리가 주님의 지속적인 지켜보심 가운데 있다는 의식이 신실함을 지키는 요새요, 기반입니다. 이런 지식이 있으면 우리는 하고 싶은 대로 아무것이나 할 수 있는 면허증을 가진 사람처럼 살아갈 수가 없습니다. 그래서 인생의 모든 시련들에 대해서도 적절하게 반응할 수 있게 됩니다. 그리스도께서는 우리 가까이에 계시고 모든 것을 알고 계십니다. 이 사실을 의식하는 것이야말로 참된 신실함의 불꽃이며 생명입니다.

신실함은 이중 충성, 이중적인 삶, 신자로서의 의무를 생략하는 것, 위험의 감도를 상실하는 것, 영적 싸움을 더 이상 싸우지 않을뿐더러 믿음의 선한 싸움에서 승리하기를 원하지 않는 것, 그리고 주님이 지켜보신다는 임재에 대한 불감증으로 부서집니다. 주님이 주시는 결정적인 은사인 신실함은 이것들에 의해서 싹이 꺾여 버리고, 마음의 완고함에 굴복하며, 결국에는 위선의 암에 걸리고 맙니다.

우리가 이런 함정들을 깨닫고 하나님 앞에서 회개하면 신실함이 다시금 살아날 수 있고, 재헌신하게 되며, 우리의 서약들을 진실로 새롭게 함으로 기뻐할 수 있습니다.

더 신실해지려면

신실함을 위험에 빠뜨리는 것이 무엇인지를 아는 것은 중요합니다. 그렇다면 로마 군병이 허리띠를 단단히 동여매듯 신실함을 강화할 수 있는 방법에는 무엇이 있을까요?

가장 중요한 것은 기도입니다. 우리는 모든 일들을 위해서 기도해야 합니다. 하지만 그중에서도 특히 신실함을 위해서 간절히 기도하고 있습니까? 우리가 불신실함의 추함과 연약함을 볼 수만 있다면 신실함에 대한 열망을 더욱 강화할 수 있을 것입니다. 불신실함으로 인한 공포를 느낄 수만 있다면 우리의 마음을 살펴보게 될 것이고, 동시에 그 반대의 것을 위해서 기도하게 될 것입니다. 지속적으로 우리는 이렇게 물어볼 필요가 있습니다. "나는 신실한가? 나는 참된가? 나는 믿음과 행함에 있어서 참으로 신실한가?" 이런 생각과 도전들은 우리로 하여금 신실함을 위해 기도하게 해줍니다.

신실함을 얻게 하는 놀라운 채찍이 하나 있습니다. 그것은 갈보리 십자가에서 그리스도께서 지불하신 영혼의 가치를 생각하는 것입니다. 예수님이 우리를 위해서 지불하신 것에 대해서 묵상해 보십시오. 그분이 우리를 위해서 무엇을 하셨습니까? 그분이 육체와 영혼에 헤아릴 수 없는 고통을 당하신 것은 겉치레에 능하고, 반쯤만 헌신하며, 영적으로 무능하고, 머뭇거리면서 세상과 여전히 타협하며 부화뇌동하는 그리스도인을 만드시기 위해서가 아닙니다. 우리는 그리스도의 형상으로 만들어지기를 원하지 않습니까?

신실함의 허리띠를 띠기 위해서는 성령께서 자극하셔서 우리 양심에 가책을 받을 때마다 그 움직임에 반응하기로 결심해야 합니다. 얼마간 죄악된 욕구에 이끌리거나, 잘못된 감정이나 반응을 나타내고 싶어 하거나, 하얀 거짓말이나 악한 말들이 입에서 튀어나오려고 할 때 우리는 양심의 경고하는 음성에 주의하고자 준비되어 있습니까? 또한 그 음성에 반응하려고 합니까? 그런 식으로 일어나는 죄에 대해서 즉각 끝장내 버리는 식으로 반응하고 있습니까?

양심에 반응하는 것, 즉각적으로 순종하려는 진지함은 신실함의 허리띠를 띠기 위한 핵심입니다. 하지만 잠시라도 양심을 억누르면 신실함의 허리띠를 벗어 버리게 되는 것입니다.

신실함의 허리띠를 띠기 위해서 우리는 구체적으로 기도하기로 결심해야 합니다. 반면에 우리가 하나님과 일반적인 부분에 대해서만 대화를 나누게 되면 불신실함이 자라납니다. 예를 들어, 기도 시간에 단순히 "주님, 저를 용서해 주세요. 회개합니다"라고 피상적으로 회개해서는 안 됩니다. 이것은 신실한 회개가 될 수 없습니다. 어리석고 천박하게 자기를 속이는 것입니다. 우리는 우리가 저지른 행위를 기억하거나, 적어도 우리의 양심에 저지르는 죄들의 전반적인 방식을 기억하고 용서를 구해야 합니다. 구체적으로 이름을 불러야 하고, 그에 대해 부담감과 부끄러움을 느껴야 합니다. 그리고 피할 수 있는 더 나은 행동 경로를 취하겠다고 결심해야 합니다. 천박하고 일반화된 회개는 거짓 회개이며, 신실함과 일치되지 않습니다.

이와 비슷하게 앞에서 언급했듯이, 중보 기도 할 때는 특정한 사람들이 마음과 생각에 있어야만 깊은 공감과 열망을 갖고 그들을 위해서 기도할 수 있습니다. 일반적인 감정은 텅 비어 있고, 간편하며, 게으르고, 신실하지 못한 것입니다. 이러한 피상성을 설명하기 위해서 설교자들은 간혹 다음과 같은 구절을 인용하곤 합니다.

해가 지면 나는 엎드려 기도하며 말합니다. "오, 하나님, 모든 사람을 축복하소서."

물론 공적 기도의 경우에는 항상 구체적일 수 없습니다. 하지만 개인 기도를 드릴 때 "어려움을 당하는 모든 이들을 축복하소서"라고 아뢰는 것은 충분하지 못합니다. 구체적으로 기도함으로써 우리는 신실함의 허리띠를 굳게 띨 수 있습니다.

우리는 신실함을 지니기 위해서 일관성 있는 사람이 되고자 힘써야 합니다. 너무나도 바쁘고 책임져야 할 일들이 짓누르는 것 같을 때라도 영적인 일들을 최우선으로 해야 합니다. 우리의 모든 생활, 즉 가정생활, 개인적인 생활과 사업상의 일들 속에서도 우리는 신실함의 허리띠를 띠고 있어야 합니다. 모든 일들 속에서 영적인 목표와 기도가 사라지는 일이 결코 없도록 해야 합니다.

신실함의 보상

신실함은 뛰어나게 아름다우며, 모든 부류의 사람들의 성품을 향상시키며 단장해 줍니다. 아주 단순한 신자로부터 가장 위대한 지성적 신자에 이르기까지 신실함은 그들을 더욱 매력적인 사람으로 만들어 줍니다. 신실함으로 인해 가장 나이가 많은 신자가 부요해지고 성숙해지며, 가장 나이가 어린 신자도 그렇게 됩니다.

앞에서 언급한 것처럼, 신실함은 모든 비신자들에게도 높이 평가되기 때문에 신자들과 그가 말하는 바를 다른 어떤 것들보다 더욱 효과적이 되도록 만들어 줍니다. 특별히 젊은이들에게는 더욱 그렇습니다. 어린아이들의 눈에 띄는 특징 중 하나는 신실한 것과 신실하지 못한 것을 금세 구분해 낼 줄 안다는 것입니다. (이런 분별력이 어린 시절이 지나가면 거의 남아 있지 않는 것은 신기한 일입니다.) 만일 우리가 신실한 사람들이라면 주일학교 아이들이 우리의 말을 경청할 것이고, 우리 자녀들도 우리를 존경할 것입니다.

무엇보다 신실함의 모든 혜택들 중에서 가장 좋은 것은 그리스도께서 그분의 성령으로 우리에게 오셔서 더 큰 빛과 복을 주신다는 점입니다. 불신실함은 교만처럼 그분을 내쫓아 버립니다.

신실함의 아버지는 감사입니다. 만약 우리가 하나님이 우리에게 행하신 모든 일들에 대해서 감사하는 마음이 살아서 역동하게 한다면 신실함은 엄청나게 증진될 것입니다. 신실함의 어머니는 사랑입니다. 우리가 주님을 전심으로 사랑한다면 우리의 신실함을 증가시키는 데 큰 도움이 될 것입니다. 신실함의 형제는 믿음입니다. 서로가 다른 부분을 강화해 주기 때문입니다. 신실함의 자매는 부지런함입니다. 우리가 특별히 영적인 일들에 부지런하고 항상 의식하고 있으면 우리는 신실함을 견지하게 될 것입니다. 그러므로 이렇게 말합시다. "주여, 저의 영적 생활과 가정생활, 그리고 세상에서의 모든 행동이 신실하고 순전하게 하옵소서."

진리, 혹은 신실함의 허리띠를 띠십시오! 그것이 우리를 보호해 줄 것입니다. 그 안에 얼마나 큰 힘이 내재되어 있는지 모릅니다. 또한 다른 이들을 위한 본보기도 들어 있습니다.

신실함은 우리가 하나님을 기쁘시게 해드리고 사탄을 물리치고자 하는 결심의 기초입니다. 신실함은 우리가 무엇을 하든지 그 일에 대해서 성실하고 충성스럽게 해줍니다. 견고하게 서 있게 해줍니다. 그래서 신실함은 사람의 인격과 성품에 있어서 보배입니다. 교회 구성원들 속에 존재하는 신실함은 교회를 이 세상 어둠의 권세와 주관자들에게서 보호해 줄 것입니다. 진리를 방어하는 일에 있어서 교회가 부지런하며 효과적으로 대처할 수 있도록 도와줄 것입니다. 신실함은 우리를 채찍질해서 주님의 대위임령을 완수하게 할 것입니다. 값지고 표시 나지 않으면서 스스로 빛나고 있는 신실함, 혹은 순전함이 의심할 바 없이 에베소서 6장 14절에 기록되어 우리 앞에 제시되어 있습니다.

"그런즉 서서 진리로 너희 허리띠를 띠고"(엡 6:14).

Chapter 11

겸손
겸손으로 그리스도를 섬기라

"곧 모든 겸손[의 마음으로]……주를 섬긴 것과"(행 20:19).

사도 바울의 겸손

사도행전 20장 19절은 사도 바울이 밀레도에서 에베소교회 지도자들을 만났다가 헤어지면서 남긴 말입니다. 바울은 에베소교회를 설립했고 3년 동안 섬겼기 때문에 그들을 잘 알고 있었습니다. 에베소교회 지도자들 역시 바울을 사랑했습니다. 바울은 그리스도의 일과 그들의 영적 복리를 위해 절대 헌신했습니다. 바울은 자신이 '주를 섬겼다'고 말했습니다. 헬라어로는 '주를 위해 종노릇했다'는 것입니다. 종은 주인의 일에 무조건 복종해야 했습니다. 하지만 우리는 바울이 종노릇을 하되 겸손의 마음으로 했다는 점에 주목해야 합니다. 사도의 종노릇과 겸손은 우리 모두에게 본보기와 도전이 됩니다.

당시는 바울이 험난한 세월을 보낸 후 노인이 되었을 때입니다. 하지만 그는 향수병에 사로잡혀 느릿해지거나 시간을 소비하고자 결코 주춤하지 않았습니다. 은퇴하거나 뒤로 물러서지 않았고, 오히려 주님께 받은 사명을 마지막 순간까지 수행했습니다. 특별히 여기서 우리가 배우고자 하는 것은 그의 겸손입니다.

"겸손[의 마음]"(Humility of mind, KJV)이라니, 이 얼마나 놀라운 표현입니까! 이런 마음을 가진 자들을 오늘날 복음주의 계통에서 언제나 찾아볼 수 있는 것은 아닙니다. 우리는 사람들이 흔히 말하는 권위와 권세, 그리고 은사에 흠뻑 빠져 있는 것을 봅니다. 특별히 그들은 새로운 예배 방식을 끊임없이 고안해 내고 교회 경영 방식을 창안해 냅니다. 엄청난 자기 확신과 자기만족에 빠져 있는 것입니다. 하지만 바울의 모토는 '마음의 겸손'이었습니다.

바울은 나이가 들었기 때문에 육체적으로 연약해서 젊은 사역자들의 활력과 힘을 시기했을지도 모릅니다. 그는 자신이 몸이 약하다고 말한 적이 있습니다. 그래서 그가 육체적 한계에 도달하자 겸손해졌다고 상상해 볼 수도 있습니다. 하지만 바울은 지금 '모든 겸손'을 말하고 있습니다. 이는 마음의 겸손과 지성적인 겸손을 포함한 것입니다.

우리는 바울이 보낸 편지들 속에 드러난 논리들을 보면서 그가 천재였다고 믿습니다. 물론 그의 편지가 영감되어서 인간의 단순한 글솜씨보다는 신적인 천재성을 보여 준 것이 사실이긴 하지만, 영감된 성경은 놀랍게도 글쓴이의 타고난 스타일을 따릅니다. 그래서 바울이 위대한 지성인이라는 인상을 갖게 되는 것입니다. 그럼에도 불구하고 바울은 참으로 놀라운 지성적 겸손을 지니고 있었습니다. 우리가 지엽적인 것에 눈을 떼지 않으면서 로마서를 쭉 읽어 가면 그의 논증은 직접적이든 희미하게 암시한 것이든 수많은 구약성경을 지지하는 구절들로 충만합니다. 바울이 일상적으로 행한 방식은 하나님의 책으로 나아가는 것이었습니다. 자신의 능력에 이끌리지 않고, 자신의 가르침을 앞서 기록된 성경들에 비추어 계속해서 증명하고 있습니다.

또한 바울의 깊은 겸손은 영적인 능력을 위해 성령께 전적으로 의지하는 모습에서 볼 수 있습니다. 오늘날 어떤 이들과 달리, 그는 능력이 자신이 본래 가지고 있었던 자연적인 은사인 것처럼, 그래서 자기 뜻대로 사용할 수 있는 것처럼 행하지 않았습니다. 오히려 자신이 강력한 하나님의 임재를 나타내지 못함으로 모멸을 당하고 있고 실패로 비난당하고 있다는 것을 알았습니다. 그는 절대 허세를 부리지 않았고, 성령의 능력으로 덧입기를 바라면서 하나님을 향했습니다.

분명히 그는 공격적이면서 과열되어 있는 설교자들과는 달랐습니다. 그들은 장황하게 늘어놓으면서 설교단 아래위를 오르내리며 마치 연극적인 충격을 주어야만 복음 믿을 것처럼 설교합니다. 하지만 바울은 자신의 설교에 대해 "그 말도 시원하지 않다"(고후 10:10)는 비난을 받았고, 스스로도 자신의 말에 대해서 "내가 비록 말에는 부족하나"(고후 11:6)라고 인정했습니다.

바울 사도는 하나님께 기도하면서 이것저것을 주장하며 협박하는 사람이 아니었습니다. 우리에게는 기도하라는 약속이 분명히 주어졌지만, 사도처럼 하나님 앞에 경외심과 겸손함으로 나아가야 합니다. 절박한 심정으로 호소하면서 말입니다. 성경에 기록된 바울의 모든 기도들은 매우 겸손합니다. 그것들은 간구하고 호소하는 것이지, 결코 협박조로 요구하거나 주장한 것이 아닙니다.

사도의 겸손은 복음을 전하는 일에 있어서 가장 기본적이고 필수적인 것만을 후원자들에게 요청했던 것에서 특별히 잘 나타납니다. 그가 요구한 것은 지극히 필수적인 것들이었습니다. 적절하게 갖춰지지 않은 환경에서 바울만큼이나 일할 수 있는 사람도 드뭅니다. 그는 "여기를 보세요. 저는 사도로서 이것저것에 대한 권리를 가지고 있어요"라고 하면서 불평을 터뜨리지 않았습니다. 사람들이 실망시키고 도와주지 않을 때조차 주님을 섬기는 자로서 신실했고, 주님께 복종했습니다. 그것은 '거룩한 겸손'이었습니다.

우리는 또한 바울이 섬기고자 했던 제자들의 모임이 아주 작았다는 점을 언급할 수도 있겠습니다. "나는 아주 규모가 큰 교회들을 많이 개척했소. 그처럼 큰 책임을 지고 있으니 수천 명이 모이면 설교하겠소." 바울은 결코 이런 식으로 말하지 않았습니다. 반대로 에베소서에 의하면, 그는 영혼에 대한 관심에 이끌려 "각 집에서"(행 20:20)도 가르쳤습니다.

또한 시험을 받아들이는 데 있어서도 바울의 겸손을 생각해 볼 수 있습니다.

"보라 이제 나는 성령에 매여 예루살렘으로 가는데 거기서 무슨 일을 당할는지 알지 못하노라 오직 성령이 각 성에서 내게 증언하여 결박과 환난이 나를 기다린다 하시나 내가 달려갈 길과 주 예수께 받은 사명 곧 하나님의 은혜의 복음을 증언하는 일을 마치려 함에는 나의 생명조차 조금도 귀한 것으로 여기지 아니하노라"(행 20:22-24).

우리가 바울처럼 겸손한 마음을 갖고, 시험과 핍절함을 받아들이는 겸손함을 지니고 있다면 얼마나 좋을까요? 하지만 교만은 너무나도 쉽게 우리를 파고듭니다. 추악한 교만에는 여러 가지 형태와 종류가 있습니다.

교만의 다양한 형태와 종류

1) 자신이 결코 잘못되었다는 사실을 받아들이지 않는, 그래서 사과할 수 없다고 하는 사람들이 있습니다. 그들에게서 발견되는 교만은 굽히지 않는 고집스러운 마음입니다. 영혼의 구원을 위해 주님 앞에서 한번 회개한 사람이 신자임에도 불구하고 너무 자신을 과신함으로 후회나 회개를 할 수 없게 되는 경우도 있습니다. 주님 앞에서 자신이 얼마나 부적절한 존재인지를 지속적으로 느끼지 못한 채 살아가는 것입니다.

세상은 인생에서 성공하기 위한 결정적인 자질로서 자기 확신을 강조하지만, 우리는 성경으로 돌아가서 이런 자기 확신이 결코 권장할 만한 것이 아님을 깨달아야 합니다. 오히려 우리에게는 스스로 부적절하다는 현실 감각이 필요합니다. 자기 확신, 자기 신뢰, 자기 중요성을 증오합시다. 교만이 영혼의 집으로 쳐들어올 때 뉘우쳐 회개할 일이 많습니다.[20]

2) 주목과 칭찬, 평판과 우월감과 권세, 그리고 특별한 직분을 노리는 교만의 형태가 있습니다. 이것이 우리 안으로 기어들어 오고 있습니까? 교만은 자기 정체를 밝히지 않으면서 너무나도 은밀하게 침입해 들어옵니다. 그것을 분별해서 거부하는 것이 깨어서 스스로를 살펴야 할 우리의 의무입니다.

3) 값진 것과 독특한 물건들을 원하는 교만함이 있습니다. 보통의 그리스도인들이 지닌 것과는 다른 그 무언가를 원하는 것입니다. 이것을 소유하는 것은 마치 목둘레에 일종의 직분을 표시하는 것과 같아서 '나는 특별해. 나는 더욱 훌륭해. 나는 우월해'라고 드러낼 수 있기 때문입니다. 이러한 행위는 자신을 드러내고자 하는 탐욕스러운 교만

---

20 저자의 이런 주장은 결코 하나님께 신뢰를 둔 자신감을 무시하지 않는다. 바울 사도도 예레미야 9장 23절을 인용하면서 "주 안에서 자랑하라"(고전 1:31)라고 했다. 자기 자신에게 뿌리를 둔 자신감과 하나님께 뿌리를 둔 자신감을 구별해야 할 것이다. 어떻게 구별해야 하는가에 대해서는 저자의 글을 계속 읽어 보기 바란다-역주.

으로, 추악한 타락입니다.[21]

4) 규칙을 싫어하고 지배당하는 것을 증오하는 형태의 교만도 있습니다. 이런 교만은 '내 판단이 최고야. 내가 원하는 것을 할 거야'라고 하며 항상 자신의 방식만을 고집합니다. 그리스도인에게도 이런 교만이 올 수 있습니다. 회심하기 이전에 그렇게 살았을 수도 있습니다. 사탄은 그것을 다시금 되살리기 위해서 교만한 자기 지배와 거만한 개인주의를 부추기고, 겸손하게 순종하는 것이면 어떤 것이든 혐오하게 만듭니다.

겸손을 상실하는 길

우리가 구원을 받으면 주님이 우리에게 겸손한 마음을 주십니다. 이것은 구원받았다는 분명한 증거들 중에 하나이기도 합니다. (회심하게 되면) 교만은 값지고 아름다운 겸손, 하나님께 전적으로 의지하는 마음, 더욱 배우고자 하는 열망, 잘못되었다는 것을 알면 언제라도 교정받기를 바라는 태도로 바뀝니다.

---

21 로마가톨릭 신부들이 목에 표시하는 '로만 칼라'와 같은 것을 염두에 둔 것 같다. 어떤 이들은 개신교 목사이면서도 자신에게 주의를 주고 경계하기 위해서 '로만 칼라'를 흉내 낸 옷을 입는다. 이것은 스스로 돌아볼 필요가 있는 경고임이 분명하다. 그런 칼라를 하면서 교만해지지 않는다면 이런 경고에 비판하기 이전에 무엇보다도 자신은 그렇지 않음을 하나님께 감사드릴 일이고, 계속 교만하지 않은 채 살아갈 수 있어야 할 것이다-역주.

그런데 이런 겸손함에 무슨 일이 그처럼 자주 일어나는지요! 우리는 어떻게 겸손함을 상실하게 되는 것일까요?

1) 때때로 겸손함은 우리를 돋보이게 하는 은사들을 소유하고 있을 때 상실됩니다. 우리는 감히 우리의 능력을 의지해서는 안 됩니다. 그것들을 너무 많이 생각하거나 다른 사람들보다 높아지려고 해서는 안 됩니다.[22] 하나님이 중요한 은사들을 교회 구성원들에게 골고루 분배하셨다는 사실을 기억해야 합니다. 한 사람은 그것들 중 일부만을 가지고 있을 뿐입니다. 각각의 신자들이 각각의 은사들을 가지고 있기 때문에 우리는 서로를 필요로 합니다. 교회 내에 성도들이 배가되어야 하는 이유는 다양한 봉사를 위해서 필요하기 때문입니다. 하나님은 이 일에 있어서 공정하시기 때문에 모두에게 은사들을 골고루 나눠 주십니다.

어떤 신자들도 사탄으로 하여금 자신에게 거짓말을 하도록 내버려 두어서는 안 됩니다. 사탄은 우리가 특별하고, 다른 사람들보다 더욱 중요한 사람이라고 거짓말을 속삭입니다.

은사들로 인해 으뜸이 되고자 하는 교만을 어떻게 다루어야 할지에 대해 몇 가지 조언을 하자면 다음과 같습니다. 우선, 매일 혹은 자주 자

---

22 저자의 이런 말을 오해해 자신의 은사에 대해서 관심을 갖지 말고 소중히 여겨서도 안 된다는 식으로 이해해서는 안 된다. 단지 은사가 겸손하게 주님의 나라와 이웃을 섬기도록 주어진 것이라는 사실을 잊지 않아야 할 것이다.-역주.

신의 약점과 실수에 대해서 묵상하십시오. 동전의 양면을 생각해 보는 것은 언제나 우리를 겸손하게 합니다. 그리고 자신의 은사보다는 스스로가 유용하게 쓰임 받고 있는지에 대해서 묵상함으로 자기 자신에게 도전하십시오. 주어진 은사로 과연 무엇을 했는지, 그것들을 어떻게 사용해야 했는지, 이제 어떻게 사용할지에 대해서 생각해 보십시오.

주를 섬기는 일에 지금까지 자신이 드렸던 것보다 훨씬 더 많은 것을 받았던 지난 해들을 생각해 보십시오. 그러면 빚진 것들로 인해 겸손해질 것이며, 심지어 부끄러움을 느끼게 될 것입니다. 당신이 받은 은사들에 대해서 청지기 노릇을 잘하지 못했음을 깨닫게 되고, 그것을 빼앗긴다 하더라도 당연하다고 느낄 것입니다.

자신을 통제하고 회심할 때 받았던 겸손을 머물게 하는 것은 스스로를 도전하는 묵상에 달렸습니다. 하나님이 복을 내려 주시지 않으면 우리는 아무 쓸모도 없게 된다는 것을 기억하십시오. 하나님은 교만을 혐오하십니다. 주님이 우리를 용납하지 않으신다면 우리가 은사들을 받은 것이 무슨 소용이 있겠습니까?

왜 사도 바울은 큰 난국을 통과하는 중에도 그처럼 복을 받았습니까? 그는 '모든 겸손의 마음'을 가지고자 열망했기 때문입니다. 그는 겸손을 열정적으로 유지했습니다. 사역 현장에 있다 보면, 매우 은사가 많고 능력 있는 사람이지만 겸손하지 못해 결국 축복의 자리에 오르지 못한 사람들이 눈에 띕니다. 때때로 하나님은 가르쳐 겸손하게 하시려는 듯 사태를 뒤집어 엎으셔서 아무런 은사가 없어 보이는 사람을 선택해 강력하게 사용하십니다. 물론 일반적인 일은 아닙니다. 그럼에도 하나님은 때때로 이렇게 일하십니다. 은사를 많이 받은 사람들로 하여금 교만해지지 않도록 경고하시기 위해서일 것입니다. 이로써 하나님은 은사를 많이 받은 사람들을 오히려 어리석게 만드십니다.

그리스도인이 섬김의 역사를 보면, 아무런 은사도 없었던 사람들이 강력하게 사용된 예들을 보게 됩니다. 그러면 우리는 '어떻게 그들이 이처럼 성공적인 삶과 사역을 이루어 낼 수 있었을까? 하나님이 은사가 많은 사람들에게 만일 그 은사 많음으로 인해 교만해지면 아무런 축복도 내리지 않겠다고 경고하시는 것일까?' 하고 생각하게 됩니다.

2) 반면에 아무런 은사도 없다는 것 때문에 교만해질 수도 있습니다. 그들은 하나님이 은사들을 나눠 주셨다는 사실을 인정하지 않으며 은사를 많이 받은 사람들을 시기해서 그들 위에 올라서려고 합니다. 이것이 사탄에게 일어났던 일입니다. 이 일은 대단히 심오한데, 저로서는 한두 문장으로 기술할 수 있을 뿐입니다.

분명 사탄은 하나님에 대해 강렬하게 질투했고, 하나님이 하나님이신 것을 인정하지 않으려고 했습니다. 사탄은 마치 하나님이 자기와 같다고 생각하기 시작한 것 같습니다. 자신이 싸워 볼 만한 힘센 천사들 중에 하나라고 말입니다. 그래서 하나님이 하나님이신 것을 계속해서 기억하고 있었다면 결코 취하지 않았을 행동 경로를 밟았던 것입니다. 그는 하나님께 대항해서 싸우기 시작했고, 하나님의 역사를 왜

곡하고 파괴하기 시작했습니다. 하나님보다 더 높아지려고 말입니다. 이것이 이사야 14장 12-17절이 우리에게 말해 주는 바입니다. 사탄의 가공할 만한 범죄의 원천, 즉 교만의 뿌리를 분석한 것입니다.

이와 같은 현상이 우리가 은밀히 시기하는 사람들을 마음속에서 헐뜯으며 우리의 교만을 부추기는 식으로 작용하고 있는 것은 아닐까요? 교만은 비탄 가운데서, 그리고 우월감으로 높아지려는 데서 활동합니다. 오직 회개하고 겸손을 회복할 때만 하나님이 우리를 향해 기대하시는 섬김을 발견하는 데 이를 것입니다.

만일 어떤 일에 성공했다면 교만하지 말고 스스로를 높이지 마십시오. 대신 다른 동료들, 기도해 주는 사람들, 그리고 그 모든 이들 중에서도 하나님께 얼마나 빚을 지고 있는지를 깨달으십시오. 하나님이 자라게 하신 것입니다. 경외하는 친구들이여, 교만을 두려워하십시오. 그렇지 않으면 그것이 당신의 사랑과 마음, 그리고 남은 세월을 잠식해 버릴 것입니다.

3) 어떤 그리스도인들은 자신이 알고 있는 것에 대해서 대단한 자부심을 가지고 있습니다. 이 교만에 대한 해독제는 우리가 얼마나 모르는가를 반추해 보는 것입니다. 어떤 이들은 그들이 구원받은 후 세월이 얼마나 지났는지에 대해서조차 자부심을 갖곤 합니다. 다른 사람들과 비교해서 이 점에 대해 우월감을 가지는 것입니다. 그때는 그 세월 동안 한 일이 무엇인지, 그리고 그 행한 바를 어떻게 설명해야 할지 생

각해 보십시오. 그러면 대단히 부끄러운 마음이 들 것이고, 주신 은혜에 대해서 하나님께 큰 감사를 드리게 될 것입니다. 교만의 독한 냄새가 흩어질 것입니다. 사탄은 우리가 받은 직분에 대해서, 소유에 대해서, 심지어는 훌륭한 신체와 외모에 대해서도 우월감을 갖게 할 수 있습니다.

사도행전 20장 19절에서 사도 바울은 "주를 섬긴 것"이라고 말했습니다. 이 구절에 얼마나 놀라운 개념이 담겨 있는지요! 앞에서 언급했던 것처럼, 섬긴다는 것은 엄격히 말해서 '종노릇한다'는 것입니다. 바울은 예수 그리스도의 노예(bond-slave)이기 때문입니다. 이것은 우리에게 겸손에 대해서 더 많은 것을 시사해 줍니다. 겸손을 표시하는 방법과 겸손으로 나아가는 단계를 알려 주는 것입니다.

노예는 주인의 일에 전념합니다. 주인의 모든 필요를 충족시키기 위해 준비되어 있습니다. 주인이 명령할 때마다 즉각적으로 반응하고, 어디든 보내는 곳으로 갑니다. 그러므로 겸손은 바울의 예에서 볼 수 있는 것처럼, 하나님의 책이 지시하는 대로 일할 준비가 되어 있는 것입니다. 겸손은 그 눈길이 항상 주인을 주시하고 있어서 그에게 복종하고, 그를 즐겁게 해줍니다.

설교자들조차도 그들의 주인에게 눈을 두지 않고 오히려 사람에게 두는 우를 범하곤 합니다. 그들은 '어떻게 하면 사람들의 관심을 끌 수 있을까? 그들의 취향에 맞는 것이 무엇일까?'를 생각합니다. 그러나 바울 사도는 방법에 대한 교훈이나 승인을 얻기 위해서 언제나 그리스도만을 주목했습니다. 그는 세속적인 취향들에 맞추기 위해서 자신의 가르침이나 접근 방식을 결코 조정하거나 타협하지 않았습니다.

겸손의 특징

1) 그리스도의 노예[23]는 자기 점검을 통해 스스로의 행위를 날마다 겸손하게 검토하면서 이렇게 질문합니다. "오늘 나는 무엇을 했는가? 주님을 기분 나쁘시게 했는가? 내가 마땅히 해야 할 일을 생략하지 않았는가? 내게 맡겨진 사역이 더 나아지게 할 수는 없을까?" 교만은 자신을 거의 돌아보지 않는 반면에 겸손은 자주 스스로를 검토합니다.

황제의 종은 언제나 자신의 특권이 무엇인지 의식하고 있었습니다. 우리는 주님을 섬기는 일에 있어서 그 종보다 덜해서는 안 될 것입니다. 우리는 이렇게 질문해야 합니다. "주님이 나의 불신앙적이고 죄악되며 교만한 심령에 역사하셔서 나를 주님께로 인도하신 것은 도대체 무엇을 위해서였을까?"

아울러 겸손은 주님의 지속적인 오래 참으심과 자비를 자주 회상하

---

23 어떤 이들은 '노예'라는 말을 그리스도인들에게 적용하는 것이 너무 지나치다고 생각하는 경향을 보인다. 그리스도인들의 섬김은 억지로 하는 것이 아니기 때문이다. 일리가 있다. 그래서 '종'이라는 단어 정도로 번역하려고 한다. 하지만 그런 번역어로 인해 순종의 의무가 약화된다면 오히려 '노예'라고 번역하면서, 그 순종이 기쁨의 순종이라는 의미를 강화하면 좋겠다고 여겨서 본 역자는 '노예'라고 번역해 본다-역주.

곤 합니다. 올니의 뉴턴카우퍼박물관(The Newton-Cowper Museum)에 있는 존 뉴턴 방에는 다음과 같은 문구가 새겨진 액자가 걸려 있습니다.

네가 애굽 땅에서 노예였던 것을 기억하라.

뉴턴은 하나님이 어디로부터 자신을 건져 주셨는지를 결코 잊어버리지 않았고, 이것은 그로 하여금 더욱 헌신할 수 있도록 채찍질해 주었습니다.

2) 노예는 해명을 해야 합니다. 그래서 신자의 겸손은 다가오는 날을 기다립니다. 그날 우리는 우리를 부르신 주님께 자신이 행한 일들을 되돌려 드리면서 우리로서는 받을 자격이 없는 영원한 보상을 받게 될 것입니다. 우리는 어려운 상황에 처해 화가 나거나, 복수 혹은 자기 연민에 빠지려는 유혹을 받을 때 마음속으로 다음과 같이 생각하면서 안정된 모습을 유지해야 합니다. '나는 주님의 노예야. 모든 일에 대한 나의 반응, 말과 태도를 주님께 해명해야 해. 나는 주님을 실망시켜 드릴 수 없어.' 이것이 겸손입니다.

3) 노예는 사치품을 가질 수 없습니다. 겸손은 자발적으로 그것들을 위험한 것으로 여겨 내버립니다. 불필요한 모든 사치품들은 교만을 부추기기 위해서 영혼을 향해 발사된 미사일입니다. 그래서 피해야 하는

것입니다. 겸손은 외모에 대해서 부당하게 관심을 가지지 않습니다. 주님의 영광을 위해서 맵시 있고, 단정하며, 말쑥하고, 청결한 데는 관심이 있지만 특별해 보이고 싶어 하거나 주목을 받고자 하지는 않습니다. 겸손은 자기를 홍보하고 선전하려는 사람들과 쉽게 섞일 수 없습니다. 우쭐대며 으쓱하는 사람들과 함께 있는 것이 즐겁지가 않은 것입니다. 그리고 겸손은 우쭐대게 하는 전염균이 얼마나 쉽게 전파되는지를 잘 알고 있습니다.

4) 평생토록 종노릇을 한 노예의 경우 언제나 주인의 이익을 염두에 두는 법을 배우듯이, 신자의 겸손은 그리스도의 대의를 언제나 마음에 둡니다. 때때로 이 점에 있어서 목회자들마저 잘못을 저지르는 모습을 보게 됩니다. 어떤 교회에서 목회자가 상처를 받을 정도로 모욕을 준 논쟁이 일어났습니다. 그런데 그 목회자가 나타낸 반응으로 인해 그리스도의 대의가 나쁜 평판을 받고 해롭게 되는 지경에 이르렀습니다. 그는 그리스도의 대의보다도 자신을 더 생각하고 있었던 것입니다. 겸손은 자기 자신을 변호하거나 위로를 구하는 것이 아니라 그리스도를 생각하며 그분의 사역의 명예를 고려합니다.

5) 사실 이전의 노예들처럼 겸손은 언제나 다른 이들을 앞서 생각합니다. 그것은 외부 지향적이며 공감을 갖는 덕성입니다. 다시금 사도 바울의 겸손을 생각해 보십시오. "그러므로 여러분이 일깨어 내가

삼 년이나 밤낮 쉬지 않고 눈물로 각 사람을 훈계하던 것을 기억하라"(행 20:31)라고 그가 어떻게 말할 수 있었는지를 말입니다. 이 눈물은 어떤 것이었습니까? 그것은 분명 자기연민의 눈물이 아니라 잃어버린 영혼들과 하나님의 양 떼들의 안녕을 위한 것이었습니다. 그것은 거짓된 가르침이 파고들어서 하나님의 백성을 해칠 것에 대한 사도의 큰 염려를 보여 주는 것이었습니다. 그것은 신자들이 서로 싸울 때 서로 화해하면서 회복되기를 바라는 목회적 관심에서 나온 눈물이었습니다.

겸손은 외부 지향적이고, 민감한 공감적 덕성입니다. 따라서 우리가 남을 격려하고 외부 지향적인 사람이 되면 우리 안에 겸손이 증진되는 것입니다. 겸손한 사람은 다른 사람들이 얼마나 힘들게 생활하는지를 알아서 그들을 도와주는 것을 좋아합니다.

6) 헌신적인 노예는 주인과 함께 승리했고 고통을 겪었습니다. 마찬가지로 신자의 겸손도 그리스도를 위한 시련과 환란을 쉽게 흡수합니다. 바울은 너무나도 많은 시련을 겪었습니다. 사도행전에서 그중 몇 가지를 읽을 수 있습니다. 사도행전 20장 19절만 해도 "유대인의 간계로 말미암아 당한 시험[들]"에 대해서 말합니다. 사도 바울이 '시험'을 복수로 말한 것으로 보아 기록되지 않은 유대인들의 함정과 모함들이 너무나 빈번했고 계속되었음을 알 수 있습니다.

그럼에도 불구하고 사도 바울은 "그만 순종해야겠다. 더 이상 참을 필요가 없어. 나는 사도야. 나는 지금 나이가 들었고 아파. 이것은 공정하지 않아"라는 식으로 결코 말하지 않았습니다. 겸손은 그가 예수 그리스도의 일을 위해 자기에게 닥친 모든 일들을 감당했다는 것을 의미합니다. 사랑의 심정과 자기에게 주어진 일에 감사하는 심정으로 말입니다.

7) 겸손은 이 헌신적인 노예(바울)에게서 볼 수 있듯, 부지런합니다. 사도행전 20장 20절은 이렇게 묘사합니다. "유익한 것은 무엇이든지 공중 앞에서나 각 집에서나 거리낌이 없이 여러분에게 전하여 가르치고." 회심과 성화를 증진시키고 사람들의 마음을 무장시키기 위해 믿음의 교리를 가르치되, 철저하게 하려고 한 것입니다. 바울은 또한 신자들이 그리스도인으로서 봉사하고, 세상으로부터 구별되도록 가르쳤습니다. 그리스도의 영광스러운 일들을 온전하게 가르치되, 모든 것을 포함시키려고 했습니다. 겸손은 부지런하기 때문입니다. 가장 많은 주목을 받아서 그것을 가르치면 인정받을 것이라고 여겨지는 주제만 가르치는 것은 교만입니다.

8) 겸손은 사랑과 같이 자신의 유익, 심지어는 자신의 목숨에도 집착하지 않습니다. 바울은 자신의 일을 "[기쁨으로] 마치려 함에는 나의 생명조차 조금도 귀한 것으로 여기지 아니하노라"(행 20:24)라고 말했습니다. 겸손은 가장 비천한 일도 행할 준비가 되어 있습니다. "여러분

이 아는 바와 같이 이 손으로 나와 내 동행들이 쓰는 것을 충당하여"(행 20:34).

9) 교만은 자신이 최고가 되기를 바라지만, 겸손은 다른 사람들을 돌아봅니다. 겸손은 탐욕스럽지 않지만, 교만은 그렇습니다. 사도행전 20장 33절을 기억하십시오. "내가 아무의 은이나 금이나 의복을 탐하지 아니하였고." 겸손은 계속해서 기도 중에 주님께 의존합니다. 겸손한 신자는 어떤 여정 중에 있더라도 주님에 대해 증언하는 행위를 멈추지 않습니다. 때로는 매일 올려 드리는 기도를 통해서라도 증언합니다.

사람들은 바울을 감옥에 가두고 모욕하며 아무것도 아닌 듯 취급했습니다. '미친 사람'이라는 말도 서슴지 않았습니다. 그래서 그는 때로는 춥고 배고팠으며, 병들고 지쳤고, 체포되어 매를 맞았습니다. 하지만 하나님은 그를 강력하게 사용하셨습니다. 겸손이야말로 축복에 이르는 지남철이기 때문입니다.

교만의 특징

1) 혐오스러운 교만은 언제나 마음에서 시작됩니다. 우리가 넘어지기 이전에 반드시 교만이 앞섭니다. 그것은 참된 친구를 잃게 하고, 똑같이 교만한 사람들로 둘러싸이게 합니다. 교만은 다른 사람들에게 불

합리하고 못나 보이게 만듭니다. 자신의 눈에는 그것이 거울로 보듯 희미하지만 주변 사람들에게는 너무나도 명백하게 보입니다. 어떤 식으로든 교만은 우리의 모습에 흔적을 남깁니다. 때로는 갸웃거리는 고개에, 눈동자에, 억양에 그 흔적을 드러냅니다. 사람들은 이상하게도 자기들도 교만하면서 우리가 교만하다는 것을 알아챕니다. 그 때문에 우리를 무시합니다.

2) 교만은 판단을 흐리게 해서 훌륭한 결정을 내릴 수 있는 통찰력을 앗아 갑니다. 교만은 충고를 거부하며, 자신의 결론만을 중요하게 여깁니다. 교만은 잠언에 나오는 왕과 같습니다. 적절하지 못한 신하들을 거느리면서 바보를 나라의 정승과 최고 각료로 세워 놓은 왕 말입니다. 주변에 재능 있는 신하들이 있으면 위협이 느껴지기 때문입니다. 교만의 어리석음이 이렇게 엄청납니다!

대부분의 사람들은 교만을 성실하지 못한 것으로 여깁니다. 따라서 교만이 설교자에게 파고들면 그는 하나님의 도구로서 적절하지 못하게 됩니다. 잘못된 지도를 받은 사람들의 경우에는 그런 설교자를 숭배할지 모르지만, 회심하지 않은 사람은 그가 항상 자기만을 위한다고 생각하면서 결코 신뢰하지 않을 것입니다.

3) 교만은 마음속에서, 그리고 백일몽 속에서 음모를 꾸밉니다. 그래서 곧 모든 생각들과 소망하는 바를 오염시킵니다. 그것들은 초기에

격파해 버리지 않으면 비참한 실패나 고통스러운 아픔을 당한 후에야 회복될 수 있습니다. 예수님은 "무릇 자기를 높이는 자는 낮아지고 자기를 낮추는 자는 높아지리라"(눅 14:11)라고 말씀하셨습니다. 분명히 이것은 최후의 심판에 관한 것만이 아니라, 어떻게 지금 우리 주님이 긍휼하심 가운데 당신의 백성을 성화시켜 가시며 복을 주시는지에 대해서 말씀하신 것입니다.

4) 교만은 주님을 증언하는 일과 수고에 매우 게을러지게 합니다. 교만한 신자는 자신이 한 작은 일조차 과대평가합니다. 아주 초라한 일을 이룸으로 교만해진 어떤 목회자가 자신의 수고의 결과를 실제보다 과장해서 평가하는 경우가 있습니다. 골로새서 3장 12절에서 바울 사도는 "그러므로 너희는 하나님이 택하사 거룩하고 사랑받는 자처럼 긍휼과 자비와 겸손[humbleness of mind]과 온유와 오래 참음을 옷 입고"라고 말했습니다. 우리는 반드시 겸손의 옷을 입어야 합니다. 하나님께 속하고 그분을 대표하기 때문입니다. "겸손의 옷을 입으라"(벧전 5:5, 공동번역)라는 교훈을 받은 우리가 어떻게 우리 자신에 대해서, 그리고 있지도 않은 능력을 상상하면서 의기양양해할 수 있겠습니까?

예수님을 본받은 사도 바울을 본받으라

우리는 지금 경애하는(dear) 바울에 대해서 생각하고 있습니다. 고통당한 사도, 잃어버린 영혼들과 신자의 행복에 대한 부담으로 가득한 심령을 가진 사도, 하늘의 주인 되시는 분의 영광을 위해서 모든 일을 행하고자 했던 바울 말입니다. 경애하는 우리의 바울은 결코 초연한 척하지 않았고, 높은 사람인 척, 힘 있는 사람인 척하지 않았습니다. 자신이 너무 중요한 사람이기 때문에 어떤 사람에게는 적당하지 않다거나, 자신이 천한 일을 할 사람이 아니라는 식으로 생각하지 않았습니다. 너무 아프거나 너무 나이가 들었다고 해서 그리스도의 노예로서 최선을 다할 수가 없노라고 하지 않았습니다. 우리는 그런 경애로운 바울을 염두에 두고 있습니다.

만일 바울이 오늘날 생존해 있다면, 아마도 그는 본론으로 들어가기 전에 사람들을 기분 좋게 해주는 말로 서론을 끄집어내는 일을 좋아하지 않았을 것입니다. 거창하게 연사를 소개하는 일에 대해서도 마찬가지였을 것입니다. 만약 우리가 사적인 것들을 물어보기를 좋아하는 사람들에게 둘러싸여서 그들과 비공식적인 대화를 나누고 있는 바울의 모습을 보게 된다면, 우리는 오히려 그들에 대해서, 그리고 주님의 일에 대해서 더욱 관심을 가지는 바울을 발견하게 될 것입니다. 그리고 아마도 나중에서야 바울을 만나 대화를 나누었던 사람들이 그에 대해서 얼마나 적은 것을 알게 되었는가를 깨닫게 될 것입니다. 물론 구원과 그리스도의 선하심에 대한 간증을 제외하고는 말입니다.

우리의 교만이 조금이라도 비집고 나오는 것을 혐오하고, '모든' 자기 과시의 생각들을 거부하면서, 그것을 뿌리 뽑을 수 있는 '모든' 일을 가능한 대로 해봅시다.[24] 주님을 섬기되, 진실로 '모든 겸손의 마음으로' 섬긴다면 우리는 얼마나 복된 자들일까요? 이 일을 불타는 열망으로 사모합시다. 이것이야말로 우리를 보다 깊은 데로 인도하는 출입구이며, 그리스도를 섬기는 도구입니다.

---

24 거듭난 자에게는 여전히 '남은 죄'가 있어서 육체를 지니고 생존하는 동안에는 '완전'에 이를 수 없다. 하지만 이렇게 육체를 지니는 중에 완전함에 이르기를 지향하는 삶이야말로 개혁신학적 성화 이론의 절정이다. 그럼에도 불구하고 개혁신앙을 주장하는 이들 가운데 이러한 '완전'이 육체를 지니는 중에는 불가능하다는 이유로 육체 중에 이루는 것을 아예 포기하는 경향이 만연한 것은 이상한 일이다. 웨슬리안적 그리스도인의 완전론은 경계해야 하지만, 개혁신학적 견지에서의 그리스도인의 완전을 추구하는 것은 필요한 시대라고 생각한다-역주.

Chapter 12

헌신
아름다운 헌신의 열매를 거두라

"두기고가 내 사정을 다 너희에게 알려 주리니 그는 사랑받는 형제요 신실한 일꾼이요 주 안에서 함께 종이 된 자니라"(골 4:7).

바울은 로마의 첫 번째 감옥 생활 중에 쓴 골로새교회에 보내는 편지의 마지막 부분에서 당시 그를 도와주었던 일곱 사람을 언급했습니다. 그들의 삶은 우리의 영적 삶의 기본 정의가 무엇인지를 보여 주며, 오늘날 우리의 삶에 계속해서 도전을 줍니다. 그들이 바울의 유일한 동역자들은 아닙니다. 디모데와 디도 같은 핵심 사역자들은 언급되고 있지 않기 때문입니다. 하지만 이 '로마의 7인'은 우리에게 많은 교훈을 줍니다.

이 장에서는 그들 한 명 한 명을 별명을 붙여 가며 설명해 보도록 하겠습니다.

바울의 동역자 '로마의 7인'

1) 두기고(Tychicus)

처음에 언급된 두 사람은 편지를 전달해 주는 자들로서, 여행 중에 있었습니다. 그들 중 연장자는 두기고입니다. 바울은 "두기고가 내 사정을 다 너희에게 알려 주리니"(골 4:7)라고 말했습니다. 바울이 설교와 전도 등 다른 많은 일들에 전념할 때 오랫동안 함께 여행해 온 동역자요, 에베소 출신인 이 사람을 어떤 말로 표현할 수 있을까요? 확신컨대 가장 적절한 용어는 '종'(a servant)입니다.

두기고는 예루살렘에 많은 구제 헌금을 보낼 때 이방인 교회들의 대표자로서 바울과 동행했습니다. 최소한 밀레도까지는 함께 갔을 것입니다. 또한 그는 에베소교회에 보내는 편지를 전달하는 자이기도 했습니다. 아마도 (디도와 함께) 고린도후서도 전달했을 것입니다. 그는 바울에 의해 디도와 함께 그레데로 파송되었고, 아마도 디모데의 뒤를 잇기 위해서 에베소에도 파송되었을 것입니다. 두기고는 바울과 함께 목숨을 내걸고 3차 전도여행을 다닌 초기 전도단원이었습니다. 그리고 이제 감옥에 갇힌 사도의 편지를 가지고 골로새로 파송을 받는 중입니다.

바울이 두기고를 묘사한 방식을 주목해 보십시오. 그는 '사랑받는 형제'였습니다. 바울이 굉장한 애정을 품고 있는 사람인 것입니다. 그의 성품, 생활 모습, 그리고 그리스도를 향한 사랑이 바울의 강한 애정을 이끌어 냈습니다. 두기고는 또한 바울의 사역과 건강에 엄청난 관심을 보이면서 그의 필요에 민감하게 반응했고, 온 힘을 다해 그 필요를 채워 주었습니다. 누군가에게 '사랑받는 형제'라고 표현할 때 이는 그가 이기적이지 않은 우정과 친절함을 지닌 사람임을 보여 줍니다. 그 어떤 것도 두기고에게 있어서는 아깝지 않았던 것 같습니다. 그의 인생의 핵심 단어는 '성령의 종'입니다.

사도는 그를 '신실한 일꾼'이라고도 불렀습니다. 두기고가 사람들을 돌보았기 때문입니다. 그는 분명히 설교자였지만, 또한 위로자요, 권면자였습니다. 위로와 도전이라는 놀라운 사역을 감당했던 것입니다. 그는 심령에 신자들을 품고 있었습니다. 또한 '신실하다'라는 것은 그가 말씀에 충성했다는 것을 의미합니다. 두기고는 이단이 문을 두드리고 있는 시점에 놓인 골로새교회에 파송될 만한 이상적인 사람이었습니다. 그는 진리를 정확하고 쉽게 가르쳤습니다. 마치 자신의 고상한 사명에 전념한 사람처럼 말입니다.

그리고 바울 사도는 이러한 추천의 말로는 충분하지 않은 것처럼 "주 안에서 함께 종이 된 자"라고 했습니다. 이 표현에는 여러 가지 의미가 담겨 있습니다. 우선, 동료, 곧 한 팀임을 가리킵니다. 두기고는 자신이 소유한 모든 강점과 능력에도 불구하고 스스로의 평판이나 영광을 추구하지 않았습니다. 그는 사도를 돕는 것과 드러나지 않게 다른 사람들과 함께 사역하는 것을 행복해했습니다. 부지런한 종, 혹은 노예(헬라어의 의미)로서 그 사역에 뛰어들었습니다. 노예는 주인의 소유입니다. 하루 종일 주인의 요구와 편안함을 위해서 섬겨야 했습니다.

이것이 그리스도의 종으로서 두기고의 정신(spirit)이었습니다. 그는 자기에게 맡겨진 일이라면 무엇이든 했을 것입니다. 바울은 그를 자신의 종이라고 말하지 않았습니다. 오히려 "주 안에서 함께 종이 된 자"라고 했습니다. 두기고는 복음 사역을 위해서라면 어떤 일이든 했을 것입니다.

바울 사도는 "너희로 우리 사정을 알게" 하려고 두기고가 골로새를 방문할 것이라고 말했습니다. 그래서 "너희 마음을 위로하게 하려 함", 즉 격려하고자 했습니다. (바울 사도는 다음과 같이 생각한 셈입니다.) "두기고가 너희들이 당하는 시련들에 대해 설명해 줄 것이며 너희에게 주어진 기회들에 대해 나누면서 도울 수 있는 모든 일을 할 것이다. 당연히 그리스도를 가르치면서 그분을 높여 드리며, 놀라운 일들을 가르치고, 너희로 하여금 사명 중에 살아가도록 격려할 것이다. 결과적으로 영원한 영광에 대해서 말할 것이다. 만일 너희들의 상황이 힘들다면 두기고는 너희의 마음이 앞으로 올 저 위대한 영원한 집을 향하도록 가르쳐 줄 것이다."

이 일을 위해서 두기고보다 더 나은 사람은 없었습니다. 그는 주님의 뜻에 자신을 맡기면서 말씀에 신실했고, 또한 신자들에게도 신실했습니다. 이러한 성품은 우리 모두에게도 해당되어야 할 것입니다. 우리 심령에 하나님이 이루고자 하시는 목적이기 때문입니다. 우리는 그리스도께 온전히 순복하는 종들입니까, 아니면 세상의 이익을 좇아서 도망쳐 버리고 마는 사람들입니까? 바울 사도의 친밀한 동역자들 중

하나였던 두기고는 우리 모두가 지향해야 할 위대한 목표, 즉 그리스도를 향한 이기적이지 않은 사랑의 전형입니다.

물론 바울 사도가 자신의 삶에 도전받아 함께 사역하는 친밀한 동료 사역자 일행에게 자연스럽게 애착감을 가졌기 때문일 수도 있습니다. 만일 오늘날 목회자들이 바울을 더욱 닮아 간다면 그가 섬기는 교회에 같은 마음을 가진 동료 사역자들이 자연스럽게 모여들 것입니다.

2) 오네시모(Onesimus)

두 번째로 언급되고 있는 사람은 "신실하고 사랑을 받는 형제 오네시모"로서, "너희에게서 온 사람"(9절)입니다. 대부분의 그리스도인들은 오네시모가 누구인지 알고 있을 것입니다. 그의 특징을 묘사하는 표현은 '은혜의 우승컵'(a trophy of grace)입니다.

오네시모는 골로새의 부유한 사람으로서 바울의 가르침으로 회심한 빌레몬의 노예였습니다. 그는 주인의 돈을 훔쳐서 로마로 도망을 갔습니다. 하지만 오래지 않아 그리스도인들, 그리고 바울을 만나 주님을 발견하게 되었고, 전적으로 변화되었습니다. 이제 그는 빌레몬과 골로새에 있는 교회로 돌아가게 되었는데, 더 이상 도둑이나 도망자로서가 아니라 그리스도의 종의 신분으로서였습니다. 이제 그는 신실하고 사랑을 받는 형제였습니다. 성숙한 신자로서, 전적으로 신뢰할 만한 확고한 성품을 지닌 자였습니다.

우리는 '은혜의 우승컵'입니까? 진정으로 변화되었습니까? 주님께 나아왔다고 말하지만 전혀 '은혜의 우승컵'이라고 불릴 수 없는 사람들이 있습니다. 이전의 모습과 비교해 큰 차이가 없는 삶을 여전히 살고 있기 때문입니다. 그들은 새로운 영과 심령을 가진 것처럼 보이지 않습니다. 전적으로 주님을 위하지도 않고, 그분을 예배하거나 사역에 헌신하지도 않습니다. 여전히 세상에 둥지를 틀고는 세상적인 일들에서 즐거움을 얻으려고 합니다.

오네시모는 전적으로 변화되어 돌아갔습니다. 이것이야말로 우리가 모든 회심자들에게 기대하는 바가 아닙니까? 우리는 우리의 죄를 전적으로 회개했습니까? 그리스도를 구하며, 갈보리에서 그분이 이루신 일을 믿으며, 우리의 삶을 진실되게 그분께 위탁했습니까? 오직 그렇게 할 때만 우리가 새로운 동기와 열망을 지닌 '은혜의 우승컵'으로 보일 것입니다. 이 글을 읽고 있는 모든 독자들이 오네시모와 같은 영적 계열에 속하게 되기를 바랍니다. '은혜의 우승컵'의 계열 말입니다!

3) 아리스다고(Aristarchus)

세 번째로 바울이 언급한 사람은 로마에 남아서 안부 인사를 전하는 아리스다고입니다. "아리스다고와······문안하느니라[헬라어로는 '감싸안느니라']"(10-11절). 바울은 가장 다정한 인사말을 보내고 있습니다.

아리스다고는 데살로니가 출신의 마게도냐인이었습니다. 그에게는 '희생적인(sacrificial) 인물'이라는 별명을 붙여야 하겠습니다. 그는 언급되고 있는 세 명의 유대인 조력자들 중에서 첫 번째 인물인 듯합니다.

그는 에베소에서 바울과 함께 다닌다는 것 때문에 가이오와 함께 폭도들에게 사로잡힌 적도 있었습니다. 3차 전도여행 중에 사도 바울과 동행했고, 파선으로 끝나고 만 위험한 항해에서 죄수로서 로마에 가는 바울과 함께했습니다. 아리스다고는 바울의 대단히 유명한 동료입니다.

여기서 그는 '나와 함께 갇힌' 자로 불립니다. 이는 흥미롭기도 하지만 혼동스러운 표현이기도 합니다. 그는 바울 때문에 에베소에서 잡혔지만 곧 풀려났습니다. 그러면 그가 갇힌 자가 되었다는 표현은 의심할 것 없이 (개인적으로 체포된 것을 말하는 것이 아니라) 위험한 항해 중에 바울과 함께 죄수로 간주되었던 것을 말하는 것 같습니다. 하지만 바울은 여기서 아리스다고가 로마에서 자기와 함께 갇힌 자가 되었다고 분명히 말합니다. 그러니 이것이 혼란스러운 점입니다. 빌레몬서에서는 에바브라(Epaphras)가 '함께 갇힌 자'로 불립니다. 여기 골로새서에는 아리스다고가 함께 갇힌 자가 되었다고 기록되어 있지만, 에바브라에 대해서는 그렇게 표현되어 있지 않습니다. 골로새서와 빌레몬서가 함께 기록되어 보내졌기 때문에 의문은 증폭됩니다.

가장 그럴듯한 해결책은 아리스다고와 에바브라가 자원해서 바울과 함께 갇히는 자로서 의무 시간을 교대로 채우지 않았을까 하는 것입니다. 자원해서 구속되어서는 교대해 가면서 바울의 방에 들어가 바울과 같은 취급을 당했다는 것입니다. 바울은 첫 번째로 로마에서 구속되었을 때 셋방에 머물렀습니다. 그곳에 바울과 함께 머물러야 했던 동역자들 역시 완전한 자유가 주어진 것이 아니었습니다. 그들은 바울처럼 묶여 있어야 했습니다. 보초 서는 군병을 위압해서 죄수의 도망을 도울 가능성이 있었기 때문입니다. 사도의 기도와 집필 사역에 안전하게 참여하기 위해서는 로마 제국의 죄수로서 차꼬에 채워져 바울과 같이 죄수로서 취급되어야 했던 것입니다. 아리스다고는 바울의 고난에 동참하고자 언제나 준비된 자들 중 하나였던 것 같습니다.

'갇힌 자'(prisoner)로 번역된 단어는 '전쟁 포로'를 말합니다. 바울은 자신과 아리스다고가 범죄자로서 감옥에 있는 것이 아니라 그리스도와 복음에 대항하는 세상의 힘에 포로 된 자로 떠올려지기를 원했던 것 같습니다. 전쟁 포로는 조국의 눈으로 보면 특별한 명예를 지닙니다. 그래서 바울과 함께 아리스다고는 영혼을 위한 위대한 전투 용사로서 이러한 명칭을 가질 수 있었습니다. 그는 '희생적인 인물'이라는 별칭을 지닐 만합니다.

우리 안에 아리스다고를 닮은 부분이 조금이라도 있습니까? "내 경력은 그리스도를 위한 것이지 나를 위한 것이 아니야. 만약 그리스도를 섬기는 것을 포기해야만 세상에서 성공할 수 있다면 나는 그런 성공은 원하지도 않을 거야"라고 말합니까? 분명히 어떤 신자들의 경우에는 최고로 높은 지위에 오르고서도 여전히 주님을 섬길 수 있도록 주님이 도와주십니다. 그래서 그런 자리에 있는 사람들에게 복음을 증언할 수 있는 놀라운 기회들을 열어 주십니다. 하지만 그것은 주님이 가능하게 해주시는 일입니다. 우리가 유념해야 할 규칙이 있다면 그리스도를 위해 적절한 삶의 수준을 받아들이는 것입니다.

4) 마가(Marcus)

당시 바울을 도왔던 또 다른 유명한 인물은 "바나바의 생질 마가"(10절)였습니다. 우리에게는 마가 요한으로 더 유명합니다. 마가 요한에 대해서는 어떤 묘사가 가장 적절할까요? 의심할 바 없이 '정복자'(conqueror)입니다.

약 12-14년 전 그에게는 복음을 전하며 교회를 개척하는 바울과 바나바와 동행해 그들을 섬길 수 있는 특권이 있었습니다. 하지만 그는 밤빌리아에서 전도여행을 뒤로하고 예루살렘의 집으로 돌아와 버렸습니다. 왜일까요? 많은 사람들은 약간 물렁하고 신빙성이 없었던 마가가 밤빌리아에서 겁을 집어먹고 말았다고 생각합니다. 그는 위협과 박해로 그만 움츠러들고 말았습니다. 청년의 육체적인 힘과 활력을 지니고는 있었지만 용기와 인내를 아직 개발시키지 못했던 것입니다. 마가가 집으로 되돌아가 버린 것은 너무나도 심각한 일이어서 바울은 다음 전도여행 때는 그를 데려가지 않으려고 했습니다. 이러한 결정은 바나바에게 큰 불쾌감을 주었습니다. 결국 바나바는 마가를 데리고 자신이 가고자 했던 곳으로 가고 말았습니다.

하지만 시간이 지나면서 마가는 자신의 약점을 정복해 그리스도를 섬기는 데 앞장서는 종이 되었습니다. 분명히 바울의 견고한 입장에 빚을 많이 졌기 때문일 것입니다. 약 12년 정도의 세월이 지난 후 우리는 그에게서 매우 현저한 변화를 보게 됩니다. 그는 자신의 인내 없음을 극복하면서 자신을 이겨 냈습니다. 이제 우리는 그가 이긴 자, 정복자가 되어 있는 것을 보게 됩니다. 그는 분명히 오랫동안 자신의 초기의 실패를 회개했고, 자신의 연약함과 허약함을 주님 앞에 내어놓았습니다. 그래서 주님이 인내할 수 있는 성품과 힘을 그에게 주신 것입니다. 그때부터 마가는 전진해 자신의 이름이 새겨진 복음서를 쓰는 도구가 되었습니다. 실제로는 '베드로의 복음서'라고 할 수 있겠고, 베드로를 위해서 마가가 서기 역할을 했을 것입니다.

우리는 이렇게 물어보아야 합니다. "이것이 우리와 무슨 관계가 있습니까? 초기의 마가 요한은 우리의 모습을 반영하고 있습니까? 우리는 주님께 5분 동안 헌신하고 나서는 곧장 식어 버리지 않습니까? 우리는 처음에는 이 활동 저 활동에 열정적으로 참여했다가 나중에는 안정적이지도 않고 신뢰할 수 없는 사람이라는 게 들통나지는 않습니까? 우리는 하나님께 수없이 약속을 해놓고는 지키지도 못한 것들이 많지는 않습니까?"

마가가 자기를 정복한 사례는 우리 역시 그리스도의 능력으로 우리의 성향을 극복할 수 있음을 말해 줍니다. 만약 당신이 주님을 열심히 섬기는 일을 위해 하나님의 감동을 받은 청년임에도 불구하고 쉽게 산만해지고 다른 일들에 관심이 흩어진다면 마가와 같이 파국에 이르지 말고 자신을 강하게 하고 안정되게 해주시는 주님께 호소해야 합니다. 더욱 성숙하고, 더욱 견고해지십시오. 그러면 성령께서 우리가 스스로를 정복하고 지배하게 해주셔서 우리로 하여금 일관성 있고, 또한 신뢰할 만한 사람이 되게 하실 것입니다.

마가가 바울의 사랑하는 동역자들의 명단에 들어가 있다는 것은 우리에게 큰 위로가 됩니다. 우리는 모두 그리스도를 섬기기 위해서 정복자가 될 수 있습니다.

5) 유스도(Justus)

또 다른 바울의 조력자는 '유스도라 하는 예수'입니다. 그는 마가나 아리스다고와 같이 유대인이었습니다. 바울은 "이들만은 하나님의 나라를 위하여 함께 역사하는 자들이니 이런 사람들이 나의 위로가 되었느니라"(11절)라고 말했습니다. 이것은 이들 세 명만이 바울의 유일한 동역자였다는 뜻이 아니라 그들만이 동료 전도자들 가운데서 유일한 유대인들이었다는 것입니다. 여기서 '동료 전도자들'이라고 한 이유는 "하나님의 나라를 위하여 함께 역사하는 자들"이라는 표현에 함축되어 있기 때문입니다. 영혼을 얻기 위해 하나님의 왕국을 건설하는 동료 건축자들이었던 것입니다.

이것은 매우 흥미로운 사실입니다. 주로 이방인들로 구성된 이방 교회에 유대인이 분명한 세 사람의 복음 전도자가 있기 때문입니다. 이러한 묘사는 세 사람 모두에게 적합하다고 생각됩니다. 그런데 우리는 '유스도라 하는 예수'에 대해서는 거의 아는 바가 없습니다. 신약성경 어디에도 다시금 언급되지 않기 때문입니다. 따라서 우리는 그에게 '전도자'(evangelist)라는 별명을 붙일 수 있겠습니다. 그는 영혼을 추수하면서 하나님의 나라로 전진하는, 혹은 그분의 나라를 위하는 동료 사역자입니다.

감동적인 사실은 이 세 사람의 유대인이 바울에게 큰 위로가 되었다는 점입니다. 우리는 이렇게 말할 수 있을 것입니다. "경애하는 바울이시여, 당신은 감옥의 사슬에 매여서 고통스러운 아픔으로 큰 불편을 겪으며 당신의 그 거대한 사역에서 단절되어 있습니다. 그 가운데 당신을 특별히 즐겁게 해주는 단 한 가지가 있다면, 그것은 바로 전도자들의 소식을 듣는 것이군요." 우리 모두가 이렇게 영적인 마음을 가질 수만 있다면, 이처럼 그리스도의 마음을 가질 수만 있다면!

여기에 우리 모두에게 도전을 주는 메시지가 있습니다. 우리는 구원받은 초창기에는 열심히 증거하는 삶을 살았습니다. 그런데 지금도 그렇습니까? 우리는 기회가 있을 때마다 기도했고, 교회 바깥 활동들을 할 때도 복음을 위해 열심이었습니다. 그런데 여전히 그렇게 하고 있습니까? 바울이 우리에게도 "하나님의 나라를 위하여 함께 역사하는 자들이니 이런 사람들이 나의 위로가 되었느니라"라고 말할까요?

6) 에바브라(Epaphras)

유스도 다음에 더 잘 알려진 인물인 에바브라가 등장합니다. "그리스도 예수의 종인 너희[골로새 교인들]에게서 온 에바브라"(12절). 에바브라의 특징은 무엇일까요? 아마 다른 사람들에게도 있겠지만, 그의 특징은 '중보 기도자'(interceder)라는 것입니다. 바울은 에바브라가 "항상 너희를 위하여 애써 기도하여"(12절)라고 말했습니다.

에바브라는 아마도 바울의 에베소 사역을 통해 회심했을 것입니다. 그러고 나서 골로새로 돌아가서 그 도시를 복음화했을 것입니다. 그 도시만 아니라 라오디게아와 히에라볼리에도 교회를 개척한 것이 분명합니다. 그런 그가 이제는 자발적으로 바울의 고난의 현장에서 아리스다고와 함께 죄수 취급을 당하고자 한 것입니다. 그래서 그는 바울 곁에서 기도했습니다.

사도는 에바브라의 기도의 내용을 우리에게 구체적으로 알려 줍니다. 그가 골로새 교인들과 다른 사람들을 위해 애써 기도했던 것은 그들이 '하나님의 모든 뜻 가운데서 완전하고 확신 있게' 서게 해달라는 것이었습니다. '애써 기도하다'라는 말은 원어상 강한 의미를 지니고 있는데, 헬라어 단어에서 직역한 영어는 '고뇌하다'(agonizing)라는 뜻을 가지고 있습니다. 에바브라는 사람들의 심정을 헤아렸습니다. 분명히 각 개인을 위해, 그리고 그들의 형편을 두고 기도했을 것입니다. 성화와 지식과 그리스도를 섬김에 있어서 진보가 있게 해달라고 말입니다. 이것들 모두가 다 '하나님의 뜻'이기 때문입니다. 또한 그는 그들이 (골로새의 이단들의 위협에 굴복하지 않고) 순결하게 보존되도록, 영혼의 구원을 위해 그리스도께 영광이 돌아가도록 기도했을 것입니다.

에바브라의 기도는 갑작스럽거나 목록이 없는 기도가 아니었습니다. 또한 우발적이거나 마음에 없는 기도가 아니었습니다. 그의 기도는 사람들을 위한 탄원으로 씨름하는 것이었습니다. 그는 그들이 하나님의 뜻 가운데서 성숙하고 완전해지기를 구했습니다. 말씀 속에 표현된 대로, 하나님의 뜻 가운데서 말입니다. 다른 말로 하면, 그들이 신앙의 교리를 분명히 이해하고 붙잡기를 기도했습니다. 에바브라는 그들을 개인적으로 알고 있었기 때문에 분명히 그들의 이름을 불러 가면서 기도했을 것입니다. 그들이 날마다 자신들의 영적 의무를 행할 수 있도록, 결코 돌아서는 일이 없도록 기도했을 것입니다. 이것이 에바브라의 기도 생활에 있어서 비망록입니다. 우리에게도 이런 비망록이 있습니까?

바울은 에바브라의 기도의 특징을 입증하기 위해서 일종의 맹세를 했습니다. "내가 증언하노라"(13절). 에바브라는 세 교회들을 위해 지속적으로 기도해 왔습니다. 만일 우리가 이 정도의 중보 기도를 드릴 수만 있다면 이 나라에 세 교회와 같은 교회들이 더 많아질 것입니다. 에바브라는 그들에게 문안했습니다. 우리는 '중보 기도자'인 그에게 경의를 표합니다.

7) 누가(Luke)

일곱 번째 동료는 누가입니다. 이 인물에 대해서는 매우 많은 내용을 말할 수 있겠지만, 구약성경의 용어를 사용해서 그를 사도 바울의 '무기 잡는 자'(armour bearer)라고 부르겠습니다. 누가는 바로 그런 사람이었습니다. 사도의 너무나도 심각한 건강 문제를 다루면서 그와 함께 지냈던 것입니다. 우리는 바울의 주요 질병이 어떤 것이었는지 구체적으로 알지 못합니다. 하지만 대단히 고통스럽고 보기에 좋지 않아서 바울의 사역에 장애가 되었음이 분명합니다. 이로 인해 사랑받는 의원 누가가 그와 함께했던 것입니다. 그는 또한 설교자였습니다.

고대 교회의 전승에 의하면, 시리아의 안디옥 출신인 이방인 누가는 거의 확실하게 결혼하지 않고 지냈으며 아주 유능한 화가이기도 했습니다. 다소의 사울과 함께 다소의 대학에 진학했다는 유력한 설이 있기는 하지만 입증할 수는 없습니다. 어떤 이들은 아볼로 또한 다소에 있었다고 하는데, 반드시 같은 시기였다고는 할 수 없습니다. 바울과 누가는 친한 친구여서 그들의 우정이 동문에 뿌리를 두고 있을 것 같기도 합니다. 어떤 이들은 과감하게 누가가 의사였을 뿐만 아니라 배(a ship)에 관한 전문 의사였고, 심지어는 선단(a fleet)의 의사였다고도 말합니다. 사도행전 27장은 선원들이 사용하는 정확한 용어와 해양 정보에 대한 해박한 지식을 확실히 보여 주고 있습니다.

전승에 의하면, 누가는 아주 오래 살았다고 합니다. 그는 지금도 누가복음과 사도행전을 통해서 우리에게 말하고 있습니다. 이 기록은 그가 언제나 설교할 준비가 되어 있었고, 사도를 섬기며 돌볼 각오가 되어 있었음을 보여 줍니다. 물론 누가는 성경의 영감 있는 기록자였습니다. 누가에 대해서는 어떤 말을 해도 지나치지 않습니다. (헬라어를 능숙하게 사용하는 것을 봐서) 분명히 현명하고 교육을 많이 받은 자였지만 그는 필요한 모든 방법을 동원해서 사도의 선교 사역을 돕기를 서원했습니다.

바울의 '무기 잡는 자'로서 그는 팀워크가 뛰어난 인물이었습니다. 그의 삶이 우리에게 도전하는 바가 바로 이것입니다. 우리는 교회의 구성원으로서 하나의 팀에 속해 있습니다. 이상적으로 모든 은사는 주님을 섬기기 위해서 서약되어 있습니다. 그래서 누구도 자신이 두각을 나타내고자 으뜸이 되려고 하거나 우쭐대지 않는 것이 이상적입니다. 바울의 모든 협력자들 가운데서 이러한 모습을 볼 수 있습니다. 이는 특별히 누가의 오랜 기간에 걸친 섬김에 잘 나타나 있습니다.

바울의 또 다른 동역자들

1) 데마(Demas)

다음에 언급된 사람의 경우에는 서글픈 말을 좀 해야 하겠습니다. 데마의 등짐을 슬퍼해야 하기 때문입니다. "바울이시여, 데마의 경우는 어떻습니까? 그에 대해서 어떤 특별한 점을 이야기해 줄 수는 없으십니까?" 하지만 바울은 이 사람에 대해서 칭찬할 만한 점을 전혀 언급하지 않습니다. 정확하게 말하면, 어디에선가 동역자로 불린 적이 있었습니다("또한 나의 동역자 마가, 아리스다고, 데마, 누가가 문안하느니라"(몬 1:24)). 하지만 이 구절로부터 이미 바울이 데마가 온전히 안정되지 않았음을 눈치채고는 그가 타락함으로 자신이 고통당할 것을 예감하고 있지 않았을까 추측해 봅니다. 그 일은 결국 일어나고 말았습니다. 5-7년쯤 후에 바울은 디모데에게 편지를 쓰면서, "데마는 이 세상을 사랑하여 나를 버리고 데살로니가로 갔고"(딤후 4:10)라고 말했습니다.

데마는 우리에게 본이 될 만한 '로마의 7인'에 속하지 못했습니다.

그에게 붙여 줄 만한 별명이 있다면, '불안정한 데마'(Demas the unstable)라고 하겠습니다. 왜 데마는 부르심을 저버리고 말았을까요? 거짓 회심자였을까요? 이에 대해서는 어떤 말도 할 수 없습니다. 아마도 바울은 데마가 자신을 버리기 훨씬 전에 이 점에 대해서 확실하게 분별했을 것입니다. 처음에 데마는 가치 있는 동료로서 선한 일들을 수행했습니다. 의심할 것 없이 그리스도를 사랑했습니다. 하지만 그는 영적 삶에 있어서 무언가가 부족했습니다. 세상이 그 치명적인 매력을 가진 발톱으로 그를 낚아채 가 버렸습니다.

데마는 아주 유능한 사람으로서, 어쩌면 데살로니가의 장사꾼들 사이에서 다시금 성공해 보겠다는 목표를 세우고, 기회를 봐서 돈을 많이 벌어 훌륭한 환경을 갖춘 아름다운 집을 장만하겠다고 꿈꾸었을 수도 있습니다. 사탄의 능력과 악의를 과소평가하게 되면 우리 중 누구에게든 이런 일이 일어날 수 있습니다. 사탄은 우리로 하여금 세상을 향하게 하고자 호시탐탐 기회를 엿보고 있습니다. 탐욕스러운 욕망, 기만, 혹은 애매모호한 쾌락에 빠져들기 시작하면 사탄은 우리의 마음을 흔들어 놓고는 그런 일들을 점점 더 갈망하게 만듭니다. 그래서 결국 우리를 첫사랑에서 떠나게 만들어 버립니다.

데마는 주님을 섬기는 중에 영혼들의 원수가 그 심령에 스며들어 세상의 사치스러움을 미끼로 한 전략에 낚였습니다. 만일 참된 신자였다면, 분명히 그는 자비로우신 하나님의 징계에 의해서 때가 이르면 회복되었을 것입니다. 하지만 그는 자신의 특권적인 사역을 저버리고 말았습니다. 우리가 세상에 속한 것들을 너무 많이 생각하고 있다면, 세상의 소유물과 활동에 대해서 지나치게 탐욕하거나 자기만족을 추구하고 있다면 바울의 동역자였던 데마를 생각하며 경고를 받아야 합니다. 경건한 사람조차도 속히 타락할 수 있습니다. 보호를 요청하며 주님께 우리 자신을 던집시다. 그리고 전적으로 주님께 다시금 헌신합시다. '불안정한 데마'가 우리 심령에 경고가 되기를 바랍니다.

2) 눔바(Nymphas)와 아킵보(Archippus)

데마와 함께 훌륭한 동역자 일곱 명을 언급하면서 바울은 골로새와 라오디게아교회에 있는 두 사람을 위해서 인사말과 한마디 말을 남겼습니다. 그중 한 사람은 눔바인데, 그녀에 대해서는 아무것도 알 수 없습니다. 그녀의 집에서 신자들이 모였다는 사실 외에는 말입니다.

다른 사람은 [빌레몬서에서 "우리와 함께 병사 된"(몬 1:2)이라고 불린] 아킵보입니다. 그에게 주어진 바울의 메시지는 거의 책망에 가까운 것 같습니다. "아킵보에게 이르기를 주 안에서 받은 직분을 삼가 이루라고 하라"(17절). 그가 무슨 짓을 저질렀던 것일까요? 혹시 마땅히 해야 할 일을 하지 못한 것일까요? 아킵보는 빌레몬의 집에서 모인 교회의 목회자로 섬겼던 것 같습니다(몬 1:2). 어떤 이는 아킵보가 빌레몬의 아들이며 말씀 사역을 위해 구별되어 있었다고도 말합니다.

그에게 무슨 문제가 있었을까요? 그는 활기가 없었을까요? 아마도 그러했던 것 같습니다. 그는 분명히 주님을 사랑했고, 그분을 진실로 섬기고 싶어 한 진지한 젊은이였습니다. 하지만 바울이 그더러 "왜 너는 그 소원과 일치하게끔 생활하지 못하느냐?"라고 말하는 것만 같습니다. 아마도 아킵보는 복음을 마땅히 가르쳐야 하는 대로 선포하지 않았던 것 같습니다. 쉼 없이 지치지 않고 잃어버린 자를 찾으며 사람들을 가르치는 일 말입니다. 무언가가 그를 산만하게 하고 있었습니다. 그래서 우리는 그를 '산만하게 된 자 아킵보'(Archippus, the distracted)라고 부를 수 있습니다.

이러한 일은 오늘날에도, 심지어는 복음 사역의 현장에서도 볼 수 있습니다. 저는 아주 유능해서 여러 권의 유익한 장편의 책들을 써 냈으나 그가 맡은 교회는 산산조각이 나 버린 목회자를 알고 있습니다. 그는 관심이 분산되어서 복음 전도하는 것을 그만두고 말았습니다. 저작 활동은 그의 정서적 에너지들을 고갈시켜 버렸습니다. 그가 선택한 분야는 좋았지만, 그로 인해 시간과 관심을 주요 사역 현장에서 멀어지게 했습니다.

여러 종류의 선교회와 단체들의 책임자로 활동하는 몇 명의 목회자들이 떠오릅니다. 그들은 이곳저곳을 여행하고 다니면서 이 모임 저 모임을 주재하곤 하지만, 그들의 교회는 거의 사멸 직전에 놓여 있습니다. 성장이 없는 것입니다. 그들은 신학에 있어서는 건전할지 모르지만 졸고 있는 것입니다. 아마도 그들에게는 사도가 아킵보에게 한 말이 필요할 것입니다. "주 안에서 받은 직분을 삼가 이루라."

이런 표어를 만들 수 있을 것입니다. "우선순위를 가장 먼저 하라."

구원해 내야 할 영혼들이 있고, 건실하게 세워 가야 할 사람들이 있습니다. 그리고 우리가 그런 일을 해야 합니다. 죄된 일들로 산만해진 사역자들에게 말하는 것이 아닙니다. 부차적인 활동들에 의해 관심이 분산된 사람들에게 말하는 것입니다. 가치가 있기는 하지만 다른 무엇인가가 그들의 관심을 사로잡고 있습니다. 그들의 주의를 가장 중요한 일에서 멀어지게 하고 있습니다.

최근에 한 선교사님으로부터 어떤 선교지에서는 새로 온 선교사들이 먼저 성경 대학부터 세우는 경향이 있다는 이야기를 들었습니다. 믿음직한 건실한 교회를 세우기도 전에, 주일학교를 열기도 전에 말입니다. 바울은 아킵보에게 실제로 이렇게 말하고 있는 셈입니다. "우선순위를 가장 먼저 하고 그 일에 착념하라."

관심이 분산되는 사람은 목회자들만이 아닙니다. 몇 년 전 저는 기독교 봉사활동에 전혀 참여하지 않는 한 청년을 알게 되었습니다. 그런데 그는 그리스도인들이 어떻게 생활해야 하는지에 대해 500페이지짜리 책을 쓰느라고 무척 바빴습니다. 아마도 사도는 그런 사람들에게 이렇게 말했을 것이 분명합니다. "네가 지금 하는 일에 주의해 너의 지역교회 봉사에 전념하라."

우리는 다른 일들로 인해 산만해져 있지는 않습니까? 몇몇 신자들이 주님을 섬기기보다는 휴가 여행을 계획하느라 몇 주일이고 시간을 소비한다는 말을 들었습니다. 아니면 자기 집에서 대부분의 시간을 취미생활이나 스포츠 활동을 하면서 보낸다고 합니다. 어쩌면 주님을 신실하게 사랑하는 독자들 가운데 이 부분에서 실수하고 있어서 아킵보에게 주어진 말이 필요할지도 모르겠습니다. "주 안에서 받은 사명을 이루라." 우리는 이 말이 '산만하게 된 자 아킵보'를 변화시켜서 다가오는 세월 동안 그를 바짝 긴장시키고 활력 있게 했으리라 생각합니다.

주께 헌신했던 그들처럼

바울의 대부분의 동역자들은 놀라울 정도로 헌신적인 인물들이어서 우리는 그들에게서 많은 교훈을 배울 수 있습니다. 두기고의 진실된 종의 정신을 생각해 보십시오. 모든 것을 그리스도를 위해, 그리고 그분의 처사에 내맡기고 살아가는 그와 같아지기를! 다음으로, 완전히 변화된 젊은이로서 '은혜의 우승컵'이 된 오네시모를 생각해 보십시오. 회심 시에 변화된 것이 지속되기를! 우리의 은혜가 자라고 더욱 흥왕하게 되기를!

그렇게도 희생적이었던 아리스다고를 생각해 보십시오. 오늘날 박해받는 지역을 제외한다면 우리가 자발적인 죄수가 되도록 부르심을 받는 일은 없습니다. 그러므로 우리가 하는 희생은 감당하기가 부척이나 쉽습니다. 우리는 그것들을 기쁨으로 감당해야 합니다. 정복자 마가를 생각해 보십시오. 그는 주님의 능력으로 자신의 연약함을 정복했습니다. 우리에게도 소망이 있습니다. 그리스도를 위해 더 나아질 수 있기 때문입니다.

바울에게 무척이나 위로가 되었던 복음 전도자 유스도를 생각해 보십시오. 그리스도를 위해 개인적이거나 공동체적으로 증언하는 일에 있어서 우리는 무엇을 하고 있습니까? 중보 기도자 에바브라를 생각해 보십시오. 우리 모두가 그와 같아진다면 한국 교회가 기울어져 가겠습니까? 바울의 무기 잡은 자인 누가는 어떠합니까? 많은 교육을 받았고 뛰어난 능력이 있음에도 불구하고 그는 자원해서 보조적인 역할을 맡았습니다. 그러다가 누가복음과 사도행전의 인간 편의 저자가 되는 특권을 누렸습니다. 우리에게도 그런 겸손과 팀워크를 이루는 비전이 얼마나 필요합니까!

단지 불안정한 데마가 우리를 실망시킬 뿐입니다. 그의 돌아섬은 우리 스스로를 돌아보게 합니다. 마지막으로, 산만한 자 아킵보는 분명히 진지하고 좋은 형제였지만 삶의 우선순위가 올바르게 설정될 필요가 있었습니다. 부드러우면서도 충격적인 조언이 필요했습니다.

바울의 서신들은 모두 매우 목회적이어서 우리가 주의해서 읽기만 하면 인사말에서조차 복된 교훈들을 얻어 낼 수 있습니다. 그의 동역자들을 통해서 받은 통찰은 복음 시대를 통해서 줄곧 이어지면서 영적 삶을 적극적으로 유지하려는 사람들에게 도전과 영감을 주고 있습니다.

사명선언문

너희가 흠이 없고 순전하여……세상에서 그들 가운데 빛들로
나타내며 생명의 말씀을 밝혀 _ 빌 2:15-16

1. 생명을 담겠습니다
만드는 책에 주님 주신 생명을 담겠습니다.
그 책으로 복음을 선포하겠습니다.

2. 말씀을 밝히겠습니다
생명의 근본은 말씀입니다.
말씀을 밝혀 성도와 교회의 성장을 돕겠습니다.

3. 빛이 되겠습니다
시대와 영혼의 어두움을 밝혀 주님 앞으로 이끄는
빛이 되는 책을 만들겠습니다.

4. 순전히 행하겠습니다
책을 만들고 전하는 일과 경영하는 일에 부끄러움이 없는
정직함으로 행하겠습니다.

5. 끝까지 전파하겠습니다
모든 사람에게, 땅 끝까지, 주님 오시는 그날까지
복음을 전하는 사명을 다하겠습니다.

서점 안내

광화문점 서울시 종로구 새문안로 69 구세군회관 1층
02)737-2288(T) 02)737-4623(F)

강남점 서울시 서초구 신반포로 177 반포쇼핑타운 3동 2층
02)595-1211(T) 02)595-3549(F)

구로점 서울시 구로구 시흥대로 577 3층
02)858-8744(T) 02)838-0653(F)

노원점 서울시 노원구 동일로 1366 삼봉빌딩 지하 1층
02)938-7979(T) 02)3391-6169(F)

분당점 경기도 성남시 분당구 황새울로 315 대현빌딩 3층
031)707-5566(T) 031)707-4999(F)

신촌점 서울시 마포구 서강로 144 동인빌딩 8층
02)702-1411(T) 02)702-1131(F)

일산점 경기도 고양시 일산서구 중앙로 1391 레이크타운 지하 1층
031)916-8787(T) 031)916-8788(F)

의정부점 경기도 의정부시 청사로47번길 12 성산타워 3층
031)845-0600(T) 031)852-6930(F)

인터넷서점 www.lifebook.co.kr